「お雇い」鉱山技師 エラスマス・ガワーとその兄弟

Yuzo Yamamoto
山本有造――著

風媒社

凡例

（1）年次の表記は西暦表記（例・一八五九年七月一日）と元号表記（例・安政六年六月二日）を併用する。なお、明治五年一二月三日の改暦（＝明治六年一月一日）以前の元号表記の場合、その月日は陰暦に従う。

（2）本書で使用する「ドル」は基本的にメキシコ・ドル（洋銀、墨銀）を指す。幕末・維新期の東アジア世界におけるメキシコ・ドルの意味とその価値については、山本有造『両から円へ』を見られたい。ちなみに、「円」による新しい貨幣体制を定めた「新貨条例」制定の明治四年時点においては、およそ旧一両＝新一円＝メキシコ・ドル一ドルで概算できる。

（3）外国の人名・地名の表記は現地読みという通例を基本としたが、引用部については原文のママとした。

はじめに

開港期の幕末・維新史に関心のある人は、当時の文書や史書の中にかなり頻繁にガワーという名前をみつけて、オヤと思うだろう。司馬遼太郎の小説にすらあらわれる。「英人技師H・M・ガワーは、目もとに悲しげな色のある若い大男だった」（『胡蝶の夢』）。ただし出所によって、ガワルだの、ガールだの、ガワールだの、果てはゴールなどと呼ばれて最初はとまどう。また職業も「お雇い」鉱山技師であったり、領事であったり、貿易商であったり、時には画家あるいは写真家らしかったりして、これにも振り回される。いったい何人のガワーがいたのか、彼らの実態は何者であったのか。

こんなつまらない疑問をひそかに持つようになってから、もうかれこれ四〇年になるかもしれない。

「お雇い」という言葉は、欧米の学問・技術・産業・制度などの導入のために政府が招聘・雇用した外国人専門家を指す用語として、明治以降に広く流布したと考えられる。しかし今日では、幕末・明治期に幕府および明治政府が雇った外国人技術者や教師を広く指す言葉として使われる。（時に私雇いを含むことがあるが今は官雇いに限定する。）またザ・ヤトイ（the Yatoi）といえば、今日では「お雇い」を指す言葉として英語でも通用する。彼らは日本における「文明開化」の尖兵であった。

「領事」といえば、開市・開港場において本国の利害を代弁する外交の窓口であり、時に外国人居留民の代表となり、居留民と日本人との仲介者ともなった。幕末期、これを「岡士《こうし》」と称したのは、コンスルの中国語読みあるいは漢語読みから派生したものであろう。「岡士」＝「領事」は、この時期、どの文書にもどの物語にも必ず（と云ってよいほど）登場する主要な役割を演ずる。

開港場居留地の主役はなんと言っても貿易商人であった。「機を見るに敏な通商の開拓者たち」（オールコック『大君の都』）は日本の開港と同時に日本に殺到した。特に江戸に近い横浜では、「金の力にものをいわせている先着者たち」が（条約による開港地が「神奈川」か「横浜」かにこだわる）本国外交団の制止を振り切り、日本の用意した「横浜」居留地の一等地に地所を獲得し、そこに広壮な商社の甍を連ねた。居留地貿易の七、八割を占めたイギリス資本、なかでも「英一番館」を謳われたジャーディン・マセソン商会こそがその代表者であった。

ここに、横浜貿易商それも「英一番館」の番頭、「お雇い」鉱山技師、そして「英国領事」を名乗る三人のガワーが、安政六年（一八五九年）まさに三港開港の直後から、明治一〇年（一八七七年）すぎまで、横浜を中心に日本各地に出没した、らしい。彼らはどこから来たのか。なぜ日本に来たのか。彼らは何を日本に残したのか。彼らはどこへ消えたのか。幕末・維新史に興味があるものであれば、これを知りたいではないか。

本書は、この小さな好奇心から生まれた、一九世紀日本とイギリスとイタリアを結ぶ探求の記録である。

中部大学ブックシリーズ「Acta⑲」

「お雇い」鉱山技師　エラスマス・ガワーとその兄弟

目次

第一章　三人のガワー

一　長州藩英国留学生

文久三年五月一二日（一八六三年六月二〇日）夜半、ジャーディン・マセソン商会（Jardine, Matheson & Co.）所属の汽船チェルズウィック号（Chelswick）が上海に向けて横浜港を出帆した▼1。この船の石炭庫には、五人の日本人が幕吏の眼を逃れて潜んでいた。長州藩英国留学生、井上聞多（馨）、野村弥吉（井上勝）、遠藤謹助、山尾庸造（庸三）、伊藤春輔（俊輔、博文）らにとって、これは一三〇日におよぶ英京ロンドンへの旅の始まりであった▼2。

その前年、文久二年八月二一日には大名行列の薩摩藩士が東海道上で英人を殺害するという事件（生麦事件）があった。同一二月一二日には高杉晋作率いる長州藩士が品川御殿山に建設中の英国公使館を焼打ちにした（御殿山英国公使館襲撃事件）。この年文久三年に入って尊攘派の活動は一層激化した。三月には賀茂社、四月には石清水八幡宮に行幸して天皇の攘夷祈願が行われ、上洛中の将軍家茂もまた攘夷決行の上奏を余儀なくされていた。そして長州の密航五人組が横浜に集結した日の前日、五月一〇日には、国元の下関では攘夷決行の先駆けとして関門を通過する米船砲撃の口火が切られていた。そもそも井上、山尾、伊藤の三人までが、御殿山襲撃に参加したその足でイギリスへ旅立とうという有様であった。

英国出立に至るいろいろな困難のなかでも、五千両という費用の金策とイギリスへの渡航を周旋する世話人の発見には特に苦労があった。前者については藩御用達・大黒屋六兵衛の手代・佐藤貞次郎ならびに江戸藩邸兵学教授・村田蔵六の尽力で目途がついた。後者については〈英人ガワル〉に依頼することとし、下打ち合わせには山尾庸造が当った。〈英人ガワル〉は、かつて文久二年夏に藩が汽船ランスフィールド号（Lancefield—日本名・壬戌丸）を購入した際、その仲介をしたことから長州に知己を得て、山尾との間にもかねて連絡があったからである▼3。

出立の前日五月一一日、五人は連署の告別書（筆者は井上聞多）を藩の政務座に送り、出発までの経緯を報告するとともに、藩費流用のことについても弁明を試みた。文中〈英人ガワル〉との交渉の段は次の通りである。読みにくい文章がやや長くなるが、事情を詳らかにするために、原文のまま掲げてみよう（この告別書については諸書により異同がある。ここでは『伊藤公実録』一九四—一九六ページによる。ただし、句読点、ルビ、カッコ内、および傍線は山本による）。

山尾事《こと》は過《すぐ》る（五月）朔《さく》日着、三日英人ガワルへ談し候処、金談之事誠に六ヶ敷《むつかしき》由申候事故、七日直様《すぐさま》（井上が）横浜へ参り、ガワルに応接仕候処、誠に克請合《うけあい》候得共、ロンドン着岸迄船賃七百ドルラル宛、先《まず》四百金位、中々（藩から各自に支給された支度金の）弐百金位は風前之塵

図 1−1　ロンドンにおける長州藩英国留学生

出所）伊藤博文が帰国後に T. B. グラバーに贈った写真という。
M. Paske-Smith, *Western Barbarians in Japan and Formosa in Tokugawa Days* より複写。

之様成者にて、其外一ヶ年之渡世飲食衣服等勘定候得ば、千金宛に無之ては、参り候ても一ヵ年迄渡世六ヶ敷由、大きに仰天の至、併二ヵ年よりは屹度《きっと》彼之士官に召遣い、給金も遣候様申候。其上此度ガワル帰英仕候得ば、如何共《とも》仕られ候得共、中々戦争共に相成候得ば、引取不申由、左候得ば稽古も不運び、御苦辛のみと申候て、彼も至て心配仕見候上、千斤（金）位と申事故、誠に承り茫乎《ぼうこ》と仕り、方便に困窮仕候得共、男子立志万里之波濤を凌ぎ、事業を期《きし》候者、四千哉五千之金に窮し候て、遂に不得果事、不本懐事と奉存候故、種々愚考仕候処、米利堅《めりけん》へ注文之砲之引当として、壱万両余江戸邸に有之候様子兼々承り及び候事故、此金を永く借用致、是非遂宿志を候半《そうらわん》と決心仕、五千金之談約諾仕候て相頼申候。然る処若し彼疑心を起こし候ては宜しからざる事と心得、断然弟（自分＝井上）之太刀を彼のガワルへ、日本士官魂は此物に候故、汝に是を譲候とて遣し候処、彼も誠に悦び、往先《さきゆき》学業之順序帰路之事迄も懇篤に咄し、即座兄ガワル此度乗込候船将例之大町人ケセキも当節参り合せ、四人面会、丸々引請世話仕、学業修行仕らせ候得ば、十二日朝出帆仕蒸気船有是付、是非々々十一日晩ケセキ内へ四ツ時参り候はゝ、夜半過船将同道にて乗組致させ候との事にて、衣類杯も彼より仕向置候て、只《ただ》体と持合之道具類十一日中に贈り方仕候様申故、約諾仕り帰り申候。

この文章にはいろいろと検討すべきことが多い。ロンドンまでの船賃が一人当たり七百ドル（メキシコ・ドル）、この当時の日本円に換算して四百両ほどに上ること▼4、留学には一年一人当たりで少なくとも千両は入用といわれたこと。また、前日の下関における米艦砲撃が何等かの方法で知られていたのであろうか、（翌元治元年夏に実際に起こる四国連合艦隊との）「戦争」がすでに懸念されていることも注目される。しかし今はまず、山尾庸造が五月三日にあった〈英人ガワル〉、そして七日に井上聞多が〈英人ガワル〉によって引き会わされた〈兄ガワル〉、〈此度乗込候船将〉、〈例之大町人ケセキ〉の話に絞ろう。

五月七日、井上聞多（志道《しじ》家に養子に入っていた聞多は、この洋行に際して志道家に離縁を申し出、井上家に復籍したという）が〈英人ガワル〉と最後の打ち合わせを行った際に、更に三人の英人が同席して万端の世話を引き受けたのが「四人面会」であった。このうち〈此度乗込候船長〉は当然チェルズウィック号の船長でなければならない。また〈例之大町人ケセキ〉はジャーディン・マセソン商会横浜支店のケズィックであった。〈英人ガワル〉と〈兄ガワル〉についてはは後にゆっくり考える。

註

▼1　ジャーディン・マセソン商会は、ウィリアム・ジャーディン（William Jardine, 1784-1843）とジェイムズ・マセソン（James Matheson, 1796-1878）の二人のスコットランド人が一八三二年に設立した貿易商社。東インド会社に対抗するフリー・トレーダーとしてインド・中国・本国を結ぶ茶・アヘン貿易で発展し、デント商会（Dent & Co.）などと並んで「マーチャント・プリンス（商業貴族）」と謳われた。一八四一年には本店をマカオから香港に移し、上海や漢口、また一八五九年の日本の開港後は横浜など、中国、日本各地に支店網を整備し、やがて海運・保険・金融・倉庫から製造産業・不動産にも活動を多角化した。また政府輸入の仲介や金融、あるいは政府借款に参加するなど、政商的活動も行った。

▼2　上海までは後述のケズィックが同行して世話をしたが、上海において井上・伊藤と野村・遠藤・山尾の二

手に別れ、それぞれ無寄港航海の帆走貨物船（ペガサス号およびホワイトアダー号）に乗せられ、喜望峰周りで約四ヶ月をかけて九月下旬にようようロンドンに着いている。その際、井上が乗船中に海軍の訓練を受けたいと申し出たところが、これを航海術の習得と誤解を受け、「水夫の取扱を受けて、非常に難儀を見られた」（『伊藤公実録』）という。これに対して、これより約二年後に出発した「薩摩藩英国留学生」一行は、通訳兼案内人の英人を同行し、P&O汽船の客船を利用してスエズ地峡経由で各地を見物しつつ、二ヶ月余でロンドンに到着している。

▼3　このランスフィールド号については面白いエピソードがある。このジャーディン・マセソン商会所有の汽船は、イギリス公使館付き通訳生として日本に赴任するアーネスト・サトウ（Ernest M. Satow）らを乗せて文久二年（一八六二年）八月に上海から横浜に航海した後、薩摩藩に売却される予定であったが、生麦事件のためこの商談は不調におわり、その後長州藩に売られることになった。壬戌丸と改名された三〇〇馬力、四四九トンのこの汽船は、翌文久三年（一八六三年）五月の下関における長州の攘夷行動の報復として、同六月米艦ワイオミングの攻撃を受けて大破した。長州藩はこれを沈没したと称してアメリカ商人を介して上海で売却し、その代金を武器購入にあてたという。ランスフィールド号の船歴については、松浦章「ジャーディン・マセソン商会と日清貿易」が極めて詳細である。

▼4　当時、イギリス公使館の旅費規程では、横浜から上海までの普通運賃が一二〇ドル、上海からサウサンプトンまでのそれが七五二ドルであったという（萩原延壽『遠い崖』1、二一二ページ）。なお当時のメキシコ・ドル、両、円の間の換算については山本有造『両から円へ』を参照のこと。

二　ケセキとガワル

ウィリアム・ケズィック（William Keswick）。一八三四年生れ。ジャーディン・マセソン商会のクラークからはじめてのちパートナーとなる。安政六年夏、横浜開港と同時に来港、「英一番館」すなわちジャーディン・マセソン商会横浜支店を開設してその支店長となる。未だ二十代の若さであったが、その才気にジャーディンの資力を加えて、たちまち横浜居留地外商の中心人物の一人になった。〈例之大町人〉という告別書の表現は、彼が日本人社会においても重要人物として広く認識されていたことを示すものとして、興味深い。

しかし厳密に言えば、彼ケズィックは、すでに前年一八六二年（文久二年）五月に後任（実は後述するS・J・ガワー）と交代して横浜を去り、香港へ帰任していた。ところがこの年一八六三年、彼が在任中に開拓した主要な取引先・高須屋清兵衛に対する巨額の債権が焦げ付く事件（高須屋事件）が表面化し、五月に監査のためにたまたま来日中であった。そこへ〈英人ガワル〉を介して長州藩英国留学生の一件が持ち込まれたのであろう。このように、離任後一年以上も経ってなお、英一番館＝〈ケセキ内〉＝ケズィック宅と認識されていたところにも、当時横浜における彼の知名度が知られるのである。

ともあれ、長州藩留学生一行のその後は、すべてケズィックの手配とジャーディンの連絡網の上に運ばれたといっても過言ではない。上海において五人を引き取り、ロンドンへの便船に乗せたのは、ジャーディン上海支店にいたウィリアムの実兄ヘンリー・ケズィック（Henry Keswick）であった。ロンドンでは、ジャーディン・マセソンのシニア・パートナー、ヒュー・マセソン（Hugh Matheson）が彼らの面倒をみた。

それでは、前に戻って、肝心の〈英人ガワル〉とは一体だれであったのか。ここにおいて、諸書は思いがけない混乱を示すことになる。そのごく一例を典拠と対比させて示せば次のようである▼1。

『伊藤公実録』――「（英国）公使館訳官ガワル」
『伊藤公全集』――「英国領事館訳官ガワル」
『伊藤博文伝』――「英国領事ゼームス・ガワー（James Gower）」
『井上伯伝』――「英国領事ガワル」
『世外井上公伝』――「英国領事ガワー（A. J. Gower）」
『井上勝伝』――「イギリス領事ガール」

これだけでも十分に雑多であるけれども、以上はいずれも当時日本に駐在した英国外交団の一員である点で共通しているから、調査の範囲は絞られる。当時の在日外交団の中で唯一のガワー姓は、エーベル・アンソニー・ジェームズ・ガワー（Abel Anthony James Gower）であった。後にも触れるように、彼は、初代の駐日総領事（任命は一八五八年一二月）そして公使（同じく一八五九年一一月）に任ぜられたラザフォード・オールコック（Rutherford Alcock）の赴任と行を共にして一八五九年六月サンプソン号で江戸に入り、はじめイギリス総領事館（公使館）の補佐官・秘書官を勤め、のち箱館、長崎、神戸の領事を歴任する。したがって、それらのうちどの時点を取るかによって、上記諸伝記の肩書もそれぞれ当たらずとも遠からずといったところであった。〈英人ガワル〉が当時の在日英国外交団の一員であるとすれば、このエーベル・Ａ・Ｊ・ガワーこそが彼でなければならない。

ところが、前掲諸書とは別の典拠によって、これには異説が存在する。次は末松謙澄『防長回天史』第三編（下）からの引用である（句読点、ルビ、カッコ内は著者）。

当時外国行は素より国禁たるを以て志道（＝井上聞多）は竊かにジャルジン、マヂソン商社の支配人英人ガールに頼り此行に就く、乗船前断髪し、夜中密かにガール居館の庭に入り屏息して待つ、會々《たまたま》ガール心変《こころがわり》し其行を拒まんとす、志道等既に意を決し且つ断髪す、固《もと》より中止すべからず、遂に大にガールと争い、其志を達することを得たりと云ふ

これによれば、〈英人ガワル〉はジャーディン・マセソンの支配人であるという。またこれに拠ったのであろう、田中惣五郎『大村益次郎』はこの密航問題における大村の役割に触れつつ「ガール＝マヂソン商会支配人」説を採り、最近では石附実『近代日本の海外留学生』もこの説を採用している。事実この時期に（先にも触れたように）ジャーディン横浜支店にはもう一人のガワーがいた。一八六二年（文久二年）五月前後に来日し、ケズィックの後任として横浜支店長を勤めていたＳ・Ｊ・ガワー（S. J. Gower）である。〈英人ガワル〉はエーベルであろうか、あるいはＳ・Ｊ

であろうか。

註

▼1　原出典は以下の通り。中原邦平『伊藤公実録』一八二ページ、小松緑『伊藤公全集』第三巻「正伝」三六ページ、『伊藤博文伝』上巻、九四ページ、中原邦平『井上伯伝』巻之二、七丁、『世外井上公伝』第一巻、四二ページ、八七ページ、上田広『井上勝伝』一八ページ。

三　エーベルとS・J

さてこの二人の関係について、『伊藤公実録』は前述の「告別書」の引用に先立って、山尾とガワルの交流のきっかけに絡めながら、次のような重要な証言を行っている（一八二－一八三ページ）。

それから山尾が、公使館の訳官ガワルといふ人に逢って、内々洋行の志を打ち明けて頼む事になった。此ガワルといふはジャーディンマッヂソン会社の支店長ガワルの弟であって、壬戌丸買入の時も、日本語が分かるものであるから、間へ立つて周旋して呉れたので、山尾杯《など》もそれから懇意になったのである。

〈訳官ガワル〉すなわちエーベルと〈支店長ガワル〉すなわちS・Jは、実は兄弟であった。したがって、先に引用した部分に出てくる〈兄ガワル〉もまたS・Jに他ならない。

そうとすれば、『防長回天史』や『大村益次郎』伝のいうところもまんざら誤りではなかったことになる。〈英人ガワル〉は公使館補佐官のエーベル・A・Jであったけれども、〈兄ガワル〉がジャーディン横浜支店長のS・Jであり、二人は密接に協力して壬戌丸の売り込みにもあたり、長州藩留学生の周旋にもあたったわけである。この二人は共に、文久年間における横浜居留地社会の名士として有名であったが、それ故にまた、日本人の間では時に混同が起こったのかもしれない▼[1]。

S・J・ガワー、すなわちサミュエル・ジョン・ガワー（Samuel John Gower）は、一八六二年五月にウィリアム・ケズィックを後継してジャーディン横浜店の代表者となり、居留地運営に重きをなした。文久二年八月二一日（一八六二年九

図1−2　若き日の Abel A. J. Gower（１）

出所）横浜開港資料館所蔵。

図1−3　若き日のAbel　A. J. Gower（2）
出所）P. ロシェ撮影、ライデン大学蔵。『写真集「甦る幕末」』から複写。

月一四日）の「生麦事件」は横浜社会に恐怖と憤激を巻き起こした。ただちに居留地防衛のための義勇軍結成を求める住民大会が開かれた。S・Jは代表して居留民の「生命財産を守るべき小銃隊の組織」を提案し、初代隊長に選出された。文久三年（一八六三年）末のクニフラー商会の火事をきっかけに自衛消防隊が結成され、S・Jは創立委員の一員に選ばれている。次いで居留地の衛生施設を整備するための小委員会が設置され、S・Jはまたその委員に任命された。そしてこのような居留地社会の主要な会合はほとんど全て、S・J邸で開かれたのである（以上は主にJ・R・ブラック『ヤング・ジャパン』による、また萩原延壽『遠い崖』1、一七五ページ以下）。

S・Jの離日は一八六五年（慶応元年）三月一〇日であった（S. Sugiyama, *Japan's Industrialization in the World Economy 1859-99*, p.61）。彼はこの直後にいったん中国に戻り、その後イギリスへ帰国した模様である。

ところで、S・Jの幕末については是非触れておかなければならないエピソードがある。

初代駐日公使ラザフォード・オールコックが、一八六〇年（万延元年）秋、幕府の阻止を押し切って富士登山を敢行した（九月一〇日登頂）ことは良く知られている（オールコック『大君の都』、増田毅『幕末期の英国人』、谷有二『黒船富士山に登る！』ほか）。しかしこの「遠征」隊の一行については必ずしも研究が進んでいるわけではない。オールコックに同行した七人のうちに、副領事のユースデン（Eusden）、公使館員のエーベル・A・J・ガワーとJ・マクドナルド（J. McDonald）がいたこと、また陸軍武官としてE・B・ド・フォンブランク大佐（Major Edward Barrington de Fonblanque）、海軍武官としては測量その他科学調査を担当するためインド海軍のロビンソン大尉（Captain Robinson）、そしてイギリス最大の種苗商であったヴィーチ商会の一族であるJ・G・ヴィーチ（J. G. Veitch）が臨時館員という資格で参加していたことはたしかである。問題はもう一人のS・ガワー（S. Gower）である。

この時の登山記録は、フォンブランクがただちにイラストレイテッド・ロンドン・ニュース（*Illustrated London News* Dec. 8, 1860）やザ・タイムス（*The Times* Nov. 29, 1860）に寄稿し（のちE. B. de Fonblanque, *Niphon and Pe-che-li; Two Years in Japan and Northern China*, 1862に収録）、ヴィーチもまた*The Gardner's Chronicle and Agricultural Gazette*に紀行日記を載せている▼2。問題はヴィーチの記事（Jan. 19,1861所載の"Diary kept by J. G. Veitch during his trip to Mount Fusi Yama, September 1860"）にある団員の一覧である。まず公使館のガワーについては、Mr. Gower, Junr., Commissariat, Mr.A's Attachéとある。Commissariatはこの隊の糧食担当という意味、A'sのAはAlcockを指すであろう。さてそこで、もう一人のガワーについては、Mr. Gower, Senr. Artistとある。

Junr. は junior、Senr. は senior であろう。そうするとこの二人のガワーは親子か、兄弟か、単に年長と年少を意味するのか。これまでの考察によって、後者が兄のS・J・ガワー、前者が弟のエーベル・A・J・ガワーであるとするのが一番都合が良い。

問題は二つである。第一、後者の Artist とは何を意味するか。S・Jであるとすれば Merchant

図 1−4　S. J. Gower 筆　富士山登頂図

出所）白幡洋三郎「碧眼富岳三十六景（その 2）」図 3 より転写。

註）図下の左側には S. J. Gower, delt. 、右側には Hanhart, lith. とある。白幡によれば、delt. は「筆」を、lith. は「石版原版の作成」を意味するという。なお、オールコック『大君の都』岩波文庫版（中）巻に掲載された同図では下のこのサイン部分が切られている。

でなければなるまい。実はオールコック『大君の都』には　オールコック筆の二枚の富士図とともに、Ｓ・Ｊ・ガワー筆の「富士登頂図」が銅版画として掲載されている（白幡洋三郎「碧眼富岳三十六景（その二）―万延元年オールコック登山隊の富士山―」参照）。オールコックが画家でなかったように、このＳ・Ｊの絵もジャーディン社員の筆のすさびであり、Artist もこの登山隊に参加するための隠れ蓑であったと考えられないだろうか。第二、ジャーディンのＳ・Ｊ・ガワーが一八六二年にケズィックに交代して来日したとすれば、彼はなぜ一八六〇年秋に日本に現れるのか。たまたま中国から一時的に来日中であったのであろうか。これらは当面の謎として残しておくことにしたい。

一方、エーベル・Ａ・Ｊの文久年間の動静はどうか。まず外務省年鑑 Foreign Office List によって彼のキャリアの大要を調べておく。（同じく Foreign Office List にもとづく略歴が『明治維新人名事典』二九九ページに掲げられているが、ここでは幕末事跡を中心に一八七一年一月版による。）

香港総督秘書として一八五六年四月中国に赴き、一八五六年五月二七日には貿易監督官四等補佐に任ぜらる。一八五八年初頭までこの両職を勤めたのち、広東領事館二等補佐官ついで一等補佐官に昇進。一八五九年二月江戸総領事館一等補佐官に任ぜられ、ひきつづき公使館秘書官を勤める。この在任中、書記官Ｌ・オリファントと長崎領事Ｇ・モリソンが負傷を追った一八六一年七月五日の第一次英国公使館襲撃事件、および一八六二年六月二六日の第二次襲撃事件に際会した。また（公使オールコックが賜暇帰国中）公使代理ニール大佐に付き添い、軍艦ユーリアラス号に乗船して一八六三年九月の鹿児島砲撃作戦に参加。その後一八六四年四月から一八六五年五月二五日まで長崎代理領事。同日付で箱館領事に任ぜられ、同地ではまたオランダ領事をも兼任した。（ただし一八六六年三月までは長崎に留まり、その後箱館に赴任。）一八六七年五月八日長崎領事、一八六八年七月九日付けで兵庫・大阪領事に転任。

また別に「香港ディレクトリ」によれば[3]、一八六三年（文久三年）以前の三年間の版にはFirst Assistant, British Legation Yeddo とあり、一八六四年（元治元年）版にはAssistant and Packet Agent, British Consulate, Yokohama となっており、一八六五年（慶応元年）版ではActing Consul, Nagasaki となって、以後は江戸・横浜地区を離れている。

エーベルの幕末についても、ひとつエピソードを付け加えておこう。文久三年（一八六三年）五月一〇日長州藩による馬関海峡の封鎖と砲撃に対する報復として、翌元治元年（一八六四年）夏、英仏米蘭四カ国の連合艦隊による下関砲撃が企図された。ロンドンにあってこれを知った井上馨と伊藤博文は藩の危急を救うべく急遽帰国した。横浜に帰着した二人は、出発のときの縁でエーベルを頼り、その紹介で英国公使館書記官のアーネスト・サトウ（Ernest M. Satow）を経て英国公使ラザフォード・オールコックに面会を求め、出師の延期を要請したという。このことは結局実らなかったけれども、同年八月の砲撃・講和を通じて彼らが藩論の一変に尽くしたことは知られている。余談にわたるが、このとき急遽帰国した二人がその後政治家として大成し、残って勉学に励んだ三人が技術官僚になったことは、人間の運命を考えるうえで興味深い[4]。

ともあれ以上によって、エーベルが一八五九年（安政六年）春から一八六四年（元治元年）春までは公使館のスタッフとして江戸・横浜間を常に往来していたことが明らかになった▼5。そしてその期間は兄S・Jがジャーディン横浜店で働いていた時期とほぼ重なっている。

こうして、S・Jとエーベル・A・Jとが兄弟であるという説は万事に好都合であるように見える。ところが、ここにもう一人のガワーが登場して事態を再び混乱に陥れる。

註

▼1　ブラックの引用する「生麦事件」に関する『ジャパン・ヘラルド』紙の記事によれば、当日（文久二年八月二一日＝一八六二年九月一四日）の救助活動に活躍した人々のなかに、S・J・ガワー氏の「弟」がいたという（J・R・ブラック『ヤング・ジャパン』1、一〇七－一〇八ページ）。「弟」がエーベルであるとすれば、全体として辻褄が合う。

▼2　実はオールコック自身、賜暇帰国中に執筆し一八六三年にロンドンで出版した『大君の都』に先立って、この旅行の詳細な記録を『王立地理学協会雑誌』に投稿し、これが一八六一年に掲載されている。Rutherford Alcock Esq., C.B., F.R.G.S. Her Majesty's Envoy Extraordinary and Minister Plenipotentiary , "Narrative of a Journey in the Interior of Japan, Ascent of Fusiyama and Visit to the Hot Sulphur-Baths of Atami, in 1860," *Journal of the Royal Geographical Society*, Vol. 31, 1861. またこの記録は近年邦訳され、訳注その他参考資料を附して刊行されて読みやすくなった。ただし一部訳注については本著者の解釈と異なるところがある。山本秀峰（編・訳）『富士登山と熱海の硫黄温泉訪問―一八六〇年日本内地の旅行記録―』露蘭堂、二〇一〇年。

▼3　ここで「香港ディレクトリ」と呼ぶのは、香港の英文新聞社 China Mail および Daily Press がそれぞれ作成発刊した、東洋開港場に居住する欧米人人名録である *China Directory of Foreign Residents* および *The Chronicle and Directory for China, Japan and the Philippines* の各年版を総称したものである（山本有造「幕末在留西洋人人名録のこと」ほか）。なお、われわれのいう「香港ディレクトリ」をおもな資料として幕末の各国駐日外交官の動向を調査した川崎晴朗の労作がある（川崎晴朗『幕末の駐日外交官・領事官』）、併せて参照されたい。

▼4　伊藤俊輔（博文）の英国留学、帰国、下関砲撃事件を契機に、エーベルと伊藤が親交を深め、一八六四年（元治元年）長崎代理領事に転じたガワーが長州藩のために便宜を図り、内外の情報を供与したことについては、萩原延壽『遠い崖』2、三七五ページ以下、にくわしい。

▼5　念のためにいえば、最初の外国公館としてイギリス総領事館（のち公使館）が江戸東禅寺に置かれたのは一八五九年七月六日（安政六年六月七日）であったが、その後一八六一年七月五日（文久元年五月二八日）の第一次東禅寺事件、一八六二年六月二六日（同五月二九日）の第二次東禅寺事件、さらに一八六三年一月三一日（文久二年一二月一二日）の御殿山イギリス公使館焼打ち事件などの攘夷行動があいつぎ、そのたびに公使館を横浜に避難させている（川崎晴朗『幕末の駐日外交官・領事官』）。エーベルもまた江戸とは別に、横浜に家をもっていたらしい（萩原延壽『遠い崖』2、九六―九七ページ）。

四　エラスマス・H・M

もう一人のガワー、エラスマス・Ｈ・Ｍ・ガワーという「お雇い」鉱山師がいて、幕末・明治初年の日本の鉱山開発に貢献したことは、これまでも一応は知られていた。ただし、例によってガールだのガワールだのと異名を奉られ、さらにはGaalあるいはGarrerなどという尤らしい異綴まで与えられていて、調査を迷路に導きやすいけれども、われわれのいうガワーGower姓の鉱山技師が幕末に来日し、日本各地に足跡を残したことは確認しておいてよい。

まずとりあえずは、三枝博音・野崎茂・佐々木峻『近代日本産業技術の西欧化』（一九六〇年）の「採鉱冶金業・来日外人評伝」中「エラスムス・Ｈ・Ｍ・ガール（Erasmus H. M. Gaal）（英）」の項（同書三六ページ）を引くことにしよう。『工部省沿革報告』や『内務省年報』ほか、官行正史類を精査してなぜガールGaalになったのかは良く分からないが（ただし巻末の「一覧表」ではガワールGowerとなっている）、日本における彼の業績については最もよくまとまっているから、やや長くなるが全文を引用する。

　鉱山技師。慶応二年、幕府の箱館奉行所に雇傭され、茅沼炭山の採掘に従事、洋式採炭法の移入を企てた。翌三年、海岸から同炭山に至る道路を開鑿し、また炭倉を建てて石炭輸送の便宜を図った。明治二年五月、政府所轄の鉱山司に招聘され、同月佐渡鉱山の調査にあたり、十一月肥前国平戸の水銀山の視察に従事した。翌三年八月、政府が米国に発注した鉱山用製鉱器械（混汞製錬沈澱法に使用のもの）が到着したので、彼は同器械の据付を命ぜられて佐渡鉱山に赴任した。同器械の据付工事は五年にいたって終了したが、試験運転の結果はあまり良好でなかった（しかしこの混汞法はのちに改良を加えられて同鉱山の主要製錬法になった。）彼はまた佐渡在任中の四年七月二十三日に下野国宇都宮の鉱山の調査に従事した。六年二月、佐渡勤務を解かれて東京にもどり、七月に満期解約となった。解約年度の月給は六百円。六年十二月、丹羽正庸が中小坂鉱山の経営に着手したが、このとき招聘されて同鉱山の工師となり、蒸気機関の設置、溶鉱炉の改築にあたった。七年五月一日、丹羽が経営した北品川の硝子製造場に転じ、同工場の硝子製造および製鉄工師として翌八年四月三十日まで勤務した。月給は五百円。その後九年に長崎県深堀在住の峰真興に聘傭され、高島炭坑に隣接した二子島炭坑の開鑿に従事した。このとき金剛試錘法を採用して、同炭坑に二百四十尺の試掘をおこなった。

いま明治以降の事績の検討は後にまわすとして、そもそも慶応二年に箱館奉行に雇用されるきっかけは何であったのだろうか。原田一典『お雇い外国人―⑬開拓』はこれを次のように説明してわれわれを再び仰天させる。

箱館開港とともに外国船舶の焚料石炭の需要が見込まれたため、箱館奉行所においても石炭坑の開鑿が計画された。初期調査の結果、安政四年（一八五七年）にはまず白糠において試掘が行われた。その後文久二年（一八六二年）には米国公使タウンゼント・ハリス（Townsend Harris）の斡旋で二人の米人技師ブレーク（William P. Blake）とパンペリー（Raphael Pampelly）を招いて地質・資料調査を行い、これにもとづいて白糠《しらぬか》坑の閉山と岩内茅沼《かやぬま》炭坑の開坑を試みた。しかしこの試掘も、実際には、搬出・輸送のネックから一時休山のやむなきに至っていた。そこで「箱館奉行は、たまたま箱館在留英国領事ガワーの兄で鉱山師であるE・H・M・ガワー（Gower）が箱館に滞留していることを知り、彼を雇い入れて調査を依頼し、一八六七年（慶応三）より採掘を再開した」（三〇ページ）という。

この時の箱館在留英国領事ガワーがエーベルでなければならないことはすでに明白である。そしてエーベルには兄にS・Jがいたはずであった。エラスマスもまたエーベルの兄であるのか。幕末・維新期に日本に現れた三人のガワーは、実は、「三人兄弟」であったのだろうか。

この検討はしばらく措き、「お雇い」鉱山技師という経歴上、日本に資料が一番残っている（しかしそれだけに「伝説」も多い）エラスマス・H・M・ガワーの生涯について、その実像を探ってみることにしよう。

第二章　「お雇い」鉱山技師エラスマス・Ｈ・Ｍ・ガワーの生涯

一　伝説の発生

幕末・維新期に日本に現れた三人のガワーのうち、人名事典に一番よく出てくるのはエラスマスかもしれない。武内博（編著）の労作『来日西洋人名事典』はその生涯を次のように記している。

（横書きを縦書きに改める。また別の見出し人名の所在を示す＊は省略。その他、傍線等は山本。）

ガワー　Gower, Erasmus M.　一八三〇―一九〇三　イギリス人　鉱業（佐渡鉱山技師）

一八三〇年イタリアのキヨマで生まれた。[a]父はイギリス海軍少将で、のち地中海司令官に任官した。一八四〇年イギリスで教育を受けるためイタリアの親元を離れた。学校を終了後炭坑に勤めたが、一八五七年経済恐慌のため勤め先の炭坑が閉鎖され失業し、上海のジャーディン・マゼソン商会に就職した。[b]一八五九年六月にジャーディン・マゼソン商会のＷ・ケズウィックに伴なわれ来日し、横浜に居住した。一八六〇年駐日イギリス公使サー・R・オールコックの推薦により日本政府雇いとなり、各地の炭坑、鉱山の調査に当った。一八六八年一月佐渡鉱山の調査のため現地に到着したが、江戸幕府が倒れたので幕府の船で直ちに江戸に戻った。明治政府になってから佐渡には再度赴き、一八七二年まで在職した。一八七三年七月政府雇いを解雇され、北海道開拓使に雇われた。翌一八七四年官営高島炭坑および長崎港外炭坑の近代化計画に参画した。一八七九年日本を去ることを決意し、志保井うたを離別し、翌年印度に職を得て赴いた。一八八六年七月病を得て来日し伊香保で静養し、同年十月まで滞日した。一八九〇年イギリスに帰りロンドンで鉱山事務所を開いたが、経営不振のためまもなく閉鎖、生まれ故郷のイタリアのキヨマに帰りセメント工場に就職したが、一九〇三年一二月一六日同工場の工場長社宅で心臓発作により急逝、行年七三歳。

千百人を超える人名履歴を収めた事典で少々の誤りはやむをえない。先行事典の誤りを引き継ぐこともあり、新たに発見した資料に拠りすぎて誤ることもある。この場合は後者であったようである。

まず傍線部分（a）は全くの伝説。実父はイタリアのリヴォルノ在住のイギリス商人であった。（b）一八五九年にケズ（ウ）ィックに伴われて来日し、横浜に住んだという説、（c）オールコックの推薦で幕府の「お雇い」になったという説は、ともに確認できない。むしろ前述のように、一八六六年（慶応二年）頃に来日し、箱館領事であったエーベル・ガワーの推薦で「箱館奉行所の雇い」になったという説のほうが可能性は高いが、これについては後にもう一度くわしく考える。

本文中段、幕末・明治の履歴も、先に挙げた三枝・野崎・佐々木『近代日本産業技術の西欧化』の記述のほうが正確である。（d）明治初年に北海道開拓使に雇われた可能性はあるが、明治六年以降に開拓使雇いになった可能性は低い。（e）「官営高島炭坑」に雇われたのではなく、「後藤象二郎の経営する高島炭坑」の開発に従事したのであろう。

後段の離日以降の記述は、いかにも生々しい。（f）生まれ故郷のキヨマ（キオーマ）に帰り、についても後に考える。

この略伝は、基本的には、エラスマスが日本に残した子孫のひとり志保井利夫が、（エラスマスの子で利夫の父であった）志保井重要の書き残した「思い出の記」（昭和二二年二月二四日遺稿）を基に編纂・執筆した『エラスマス・Ｈ・Ｍ・ガワーとその係累』（私家版）、およびこれを解題した論考、志保井利夫「エラスマス・Ｈ・Ｍ・ガワーの生涯とその業績―幕末に来日した英国人鉱山師―」第一部「その生涯」、第二部「その業績」を材料として書かれている。

そこでまず、エラスマスの遺児・志保井重要「思い出の記」のいうところを中心に、エラスマスと重要の物語を聞いてみよう。

二　志保井重要「思い出の記」

志保井重要（一八七三―一九四八）。エラスマスとその後妻・志保井うたとの間の三兄弟の次男（ただし末弟は夭折）として東京深川砂町に生れる。父エラスマス離日後は高田商会の高田慎蔵▼1の保護を受けて東京高等商業学校を卒業後、高田商会に入社。大阪支店、（一年兵役の後、一九〇〇年―一九一五年）ロンドン支店勤務などを経て一九一八年大阪支店長になり経営に関与したが、商会の倒産にあい第二会社の設立に参加。常務取締役大阪支店長をつとめ七〇歳にて退職。浦賀に隠棲して一九四八年米寿を直前に逝去。なお重要とエラスマスは、一八八六年（明治一九年）夏にエラスマスが（インドで罹病したマラリアの）病後静養のため一時再来日したとき、そして重要がロンドン支店赴任の途中一九〇〇年（明治三三年）一一月にエラスマスの隠棲先のイタリア・リヴォルノで会っている。

さて彼の残した「思い出の記」の検討に入ろう。まずその一節「父の家系」の冒頭である。文中の「父」はエラスマス、「祖父」はその父親を指している。（基本的には原文通りであるが、一箇所だけ改行部を変えたところがある。傍線はすべて山本。）

[a]祖父は英国ウェールスの産、英国海軍地中海白色艦隊司令官準男爵海軍少将サー・エラスマス・ガワーなり。（Rear-Admiral Sir Erasmus Gower, Commander of the White Squadron of the

British Navy）ⓑ祖母は伊太利産にして、祖父母は伊太利国北海岸リボルノ Livorno（Leghorn）より六、七哩南方キヨマ Chioma に住い、父は同地にて生まる。其の名をエラスマス・H・M・ガワー Erasumus H. M. Gower と云う。ⓒ姉二人弟一人あり。（祖父の大礼服を着したる銅版肖像、父の油絵肖像及び写真共に住吉村家屋罹災の際、金庫破損の為め焼失せり。）

ⓓ父は英国公使の推薦により文久年間幕府の依頼により雇われ、日本全国の鉱山及び地質資源調査に従事し、一年余にて完成す（この調査を基礎として設置せられたるものが日本鉱山局の始めなりと故和田維四郎博士より聞く。）

ⓔ弟は英国より来朝したる最初の領事官にして後神奈川県横浜、兵庫県神戸に於ける居留地設置に付き、伊藤博文公、当時の県令伊藤俊輔と契約を締結せし人なり。遺族は今日尚キヨマに住居し居るならん。

武内人名事典の冒頭がこの資料（ならびにそれに基づいた志保井利夫の論考）に拠ったことは明らかであろう。

ガワー家の系図については後に改めて詳しく見ることにする（後掲系図2参照）。残念ながら（a）の部分、エラスマスの父は海軍少将サー・エラスマス・ガワー（一七四二―一八一四）ではなく、貿易商としてリヴォルノに住んだジョージ・H・ガワーであった。サー・エラスマスは、実は、エラスマス・H・Mの大叔父（祖父ジェームズの長兄）に当る。したがって「父はマルタ島を根拠地とする地中海艦隊の司令官で、キヨマはその休暇の時の居住地と考えられる」というロマンチックな志保井利夫の解釈は惜しくも的外れであった。

　リヴォルノはイタリア・トスカーナ地方の海港。十六世紀後半、メディチ家出身のトスカーナ大公フェルディナンド一世がこの都市を自由港として認め、商人の貿易活動や信仰の自由を保証したため、この地は地中海の重要貿易港となり、多国籍都市となった。特にイギリスはここを地中海貿易の拠点として居留地を設けて保護したために、多くのイギリス系貿易商が居住した。しかし一八六八年イタリア王国に併合された後は自由港としての地位を失い、海外貿易港としては徐々に衰退した。ジョージ・ガワーもまた貿易商としてここに本拠を構え、ほぼその一生をリヴォルノおよびその周辺で過ごしたのであろう[2]。
（b）「祖母は伊太利産にして」について、確言はできないが、疑問が残る。エラスマスの母はアン、旧姓ニューベリー（Ann Newbery）であった。これはイギリス姓であるように思われる[3]。
　ここで一番の問題は、（c）「姉二人弟一人あり」である。弟がエーベルであることは後の記述からも明らかであるが、兄はいなかったのか。後の系図によってエラスマスが同腹の三男二女の次男であったとするならば、先のS・J、すなわちサミュエル・J・ガワーは兄でなければならない。重要がエラスマスに会った時、すでにサミュエルは早くに亡くなり、説明するに現存の「姉二人弟一人」といったのであろうか。
（d）英国公使（オールコック）の推薦により文久年間より云々、についても疑義が残る。後に少し考える。
（e）弟領事（エーベル）については大略われわれの知るところであるが、次の記述はやや気にかかる。

伊藤博文公、井上馨侯爵が幕府の禁を犯して海外旅行を企てたる、伊藤俊輔、井上聞多時代当時横浜英一番館ジャーディン・マゼソン商会内にて結髪を切って顔に炭を塗り、印度人船員の如くにして税関役人の目をくらまし、夜間密かに英国船に乗込み、上海に向わしめたるは、父及び弟領事並びにグラバー三氏の仕業なりと聞きたり（明治三十三年十一月四日伊太利にて面会の時）。

「結髪を切って」などというところは、先の『防長回天史』のいうところと符合する。問題は傍線部である。弟「領事」がエーベルであることには問題がない。この場合の父が「お雇い」のエラスマスであるとすれば、もう一人のガワー、ジャーディン横浜店の「支店長」Ｓ・Ｊはどこにいってしまったのか。すでに先の章で詳しく調べたように、ここはやはりＳ・Ｊでなければなるまい。それではエラスマスはなぜ自分の事蹟として語ったのか。

第三の人物グラバーは、例のトマス・ブレイク・グラバー（Thomas Blake Glover）であろう。彼はこの年二五歳。長崎にグラバー商会（Glover & Co.）を経営していた[4]。ただしグラバー商会はジャーディン・マセソン商会の長崎エイジェントを勤め、この時期はもっぱらジャーディンののれんの下で業務を行っていたから、横浜英一番館に滞在することも再々であったという。そして文久三年にも横浜にいて、この時に伊藤と会い、海外渡航のことでエーベルを紹介したという（長崎市編『グラバー邸物語』一五ページ)。その後もグラバーは武器や船舶の売買で長州藩関係者と密接にかかわっており、この密航計画に参画していたとして不思議ではない。

しかしどうしてエラスマスの回想にこの文久三年の密航計画の関与が語られているのか。一体、文久三年にエラスマスは横浜にいた可能性はあるのか。概して、エラスマス―重要の回想にS・Jが一切姿を現さないところも気にかかる。もうすこしエラスマスの経歴とその周辺を調べてみる必要がありそうである。

註

▼1　高田商会はドイツ系の兵器商・ベア商会の番頭であった高田慎蔵により一八八一年(明治一四年)に創立された兵器・機械類を取扱う貿易商社。「富国強兵」という明治の国是を追い風として成長し、陸・海軍に食い込む一方、ウェスティングハウス社、アームストロング社の総代理店となり、日清戦争を契機に大いに発展し、内外に支店網を持つ大手商社として三井物産、三菱商事などと比肩する規模を誇った。しかし関東大震災による被災などにより一九二五年(大正一四年)に経営破綻し、整理会社となる。その後、旧社員による整理案に基づき新会社を設立したが(第二次高田商会)、戦後一九六三年(昭和三八年)日綿実業に吸収された。

また、高田慎蔵がエラスマスと知り合ったのは佐渡時代に遡る。当時相川の奉行所に勤めていた慎蔵青年が上京の志を立ててエラスマスに相談したところ、エラスマスは独商M・M・ベア(M. M. Bair)を紹介したうえ餞別を与えて鼓舞し、これが慎蔵の出世の糸口となった。慎蔵および妻・多美子はこの恩を多とし、エラスマスの遺児が困窮していることを知って援助の手をさしのべたという(志保井重要「思い出の記」および同『高田商会開祖高田慎蔵翁並多美子夫人』私家版、一九五〇年)。

▼2　志保井重要「思い出の記」によれば、エラスマスの生誕および終焉の地は「リボルノ Livorno（Leghorn）より六、七哩南方キヨマ Chioma」であるという。キオーマ Chioma は、現在、リヴォルノ市 Livorno の隣、ロシニャーノ・マリッティモ市 Rosignano Marittimo に属している。後掲図3−2および後掲第二章第六節（註1）参照。

▼3　ジョージ・ヘンリー・ガワーとアン・ニューベリーが一八二一年一二月一三日にチェルシー（かつてはミドルセックス州、現在は大ロンドンに併合）において結婚したことが、教区簿冊記録の West Middlesex Marriage Index で確認される。また二人の間に、レグホーン（リヴォルノ）において（夭折した二人をふくめて）同腹の七人の子供が生まれたことが Guildhall Library 所蔵の埋葬・受洗・結婚の記録から確認される。

▼4　グラバー商会は、スコットランド出身のトマス・ブレイク・グラバー（Thomas Blake Glover, 1838-1911）が一八五九年に長崎に設立した貿易商社。当時の武器輸入は長崎を拠点におこなわれ、グラバー商会は各藩の武器・火薬・艦船の輸入を斡旋して巨利を博した。またグラバーは長州藩英国留学生のほか薩摩藩英国留学生の派出にも関わったといわれ、後の新政府要人とのコネクションを通じて貿易や起業に便宜を得たほか、政治的にも倒幕・維新活動に大きな役割を果たしたとされる。詳しくは杉山伸也『明治維新とイギリス商人』、マイケル・ガーデナ『トマス・グラバーの生涯』参照。

三　「お雇い」鉱山技師エラスマスの登場

志保井重要の長男・志保井利夫の調査によれば、エラスマスの来日経緯と幕末の行動については次のように推測されている。

エラスマス・H・M・ガワー。一八三〇年イタリアのリボルノ（リヴォルノ）市郊外キヨマ（キオーマ）に生れる。（両親に関する説については前出。）ロンドンあるいはウェールズで専門教育を受ける。工学関係の専門学校であったと思われる。卒業後ウェールズの炭坑に勤務、採鉱技師として経験をつむ。一八五七年の恐慌により英国の多くの炭坑が縮小あるいは閉鎖され、エラスマスも失職。ジャーディン・マセソン商会が炭坑技師を求めていることを知り、一八五七・八年頃上海に渡り、同商会に雇用される。この頃、ジャーディンは日本での炭坑開発に眼をつけ、エラスマスは「このジャーディン、マゼソン商会の仕事を行うため、開港と共に（一八五九年、安政六年六月）英一番館へ、ウイリアム・ケズウィックに同行して到着した。しかし当時の日本は外国人の国内旅行は非常に困難であったので、炭坑の調査を進めるため、オールコック公使の紹介で幕府雇技師となり、幕命の形で国内の炭坑調査を行う事とした」（志保井利夫、前掲論文、第一部、二一四ページ）。これが、前掲、重要「思い出の記」のなかでいう「英国公使の推薦により文久年間幕府の依頼により雇われ、日本全国の鉱山及び地質資源調査に従事し、一年余にて完成す」である。この行動と、文久二年夏にW・ブレークとR・パンペリーが行った第二回の道南調査（後述）との関係はあきらかではないが、志保井利夫によれば、エラスマスもこれに同行したと推測されている。これに続くのが慶応二・三年の箱館奉行の依頼による茅沼炭山再開発調査であり、慶応三・四年の佐渡金山調査であった。

志保井利夫氏自身が繰り返し述べるように、若き日のエラスマスの履歴・事蹟にはなお推測に留まるところが多い。実のところ、慶応二年に箱館奉行所に雇用される以前のエラスマスの姿にはなお濃い霧がかかっている。

中国に渡る以前の経歴についてはひとまず措く。（1）上海においてジャーディン・マセソン商会に炭坑技師として雇用されたという記録はいまのところ確認できない。ただしジャーディンと極めて密接な関係をもった事については後に述べる。

（2）横浜開港と同時にW・ケズィックに同行して来日した可能性はあるか。実は、ケズィックを最初に日本へ送り届けたジャーディン雇いの帆船・トロアス号の船長ヘンリー・ホームズ（Captain Henry Holmes）の手記があって（山本有造「ホームズ船長の冒険」、および横浜開港資料館（編）『ホームズ船長の冒険』）、その行動の詳細が知られるが、エラスマスの影は見当たらない。

（3）オールコック公使の紹介で幕府雇いの技師となり、文久年間に幕命によって日本全国の資源調査を行った事実はあるか。外交文書その他公文書についてこの事実は確認できない。ただ志保井重要「思い出の記」のなかに、父の直話として次のような描写があって、臨場感を漂わせている。

鉱山及び地質調査の為、日本全国を旅行する時は、通事其の他数人を引連れ、甚だぎょうぎょうしきものにて、一藩より他藩に入る際の如き時には、出迎えの侍二人、馬一頭、槍持、荷物持等数人と見送りの殆《ほとんど》同数の役人が色々引き継ぎの挨拶があって後引渡さるる始末にして、就中《なかんずく》紀州藩にては、和歌山滞在中非常に優遇されたり。

のちに幕府雇いとして佐渡金山に赴任するに際し、二代目の英国公使ハリー・パークス（Sir Harry Parkes）と同行することになり、江戸より佐渡奉行に「一行滞在中は、大老と同待遇にせよ」との命令があり、奉行所や鉱山の緊張は非常のものであったとも回想している。これが事実とすれば慶応三・四年冬の一回目の佐渡金山調査を指すであろう。そしてもしパークスに同行したとすれば接待状況はその通りであったであろう。しかしパークスが軍艦バジリスク号に搭乗して箱館・新潟・相川に寄港し、佐渡金山を視察したのは一八六七年七・八月夏のころであって、ガワーが同行した形跡は無い▼1。また、文中のごとく、もし実際に和歌山へ出かけたとすれば、それはいつのことであったのか。いまは明らかにしえない。

（4）W・ブレーク（William B. Blake）とR・パンペリー（Raphael Pumpelly）は、幕府（かつて箱館奉行時代にエゾ地開発に尽力し、万延遣米使節副使を勤めた村垣淡路守）が、初代米国公使T・ハリスに依頼してアメリカから招聘した鉱山技師であった。この二人は文久二年二月に横浜に着き、わずか一年ほどの滞日中に二回にわたり北海道・道南の地質・鉱山調査を行い、また坑師学校を設立するなど、その後の北海道開発に大きく貢献した。ここで言及されているのは文久二年八月の二回目の道南調査であるが、エラスマスの参加はいま確認できない▼2。

さて、慶応二年である。慶応二年一二月一一日付け、箱館奉行杉浦兵庫頭より幕府宛の「伺《うかがい》」（「岩内《いわない》石炭山御取開見込之儀に付相伺御書付」『慶応二寅年十一月岩内石炭御用留』）の前文を挙げれば、つぎのようである。（この「前文」につづく後段には極めて詳細な開発計画が展開されており、技術史的には誠に興味深いが、いまは省略する。）

西蝦夷地岩内石炭山（＝茅沼《かやぬま》石炭山）之儀、御取開可相成《あいなるべき》見込を以、先般在留英国岡士（こうし＝コンスル＝領事）並同人兄エラスムスカワル等差遣し候段は其節申上置候通の次第に而、此程右エラスムスカワルより石炭山分見《みわけ》致候絵図面並見込大意書等差出し候に付、面会の上巨細の義承り、糺《ただし》候処、良質之岩砿も多分出産可致見込に付、御取開相成候得ば後年莫大之御利益にも相成可申《もうすべし》との趣に付、右堀取方仕法等再応承り候処左之通御座候。

安政元年（一八五四年）日米和親条約の締結にともなって再度置かれることになった箱館奉行が、開港にともなう石炭需要の増大に刺激されて蝦夷地における石炭開発に熱心であったこと、米国人を招いて地質調査を行う一方、白糠・茅沼の開坑を試みたこと、しかしこれらが輸送の困難から一時休山状態にあったことはすでに述べた。慶応二年、新任の箱館奉行となった杉浦兵庫頭は、英国箱館領事のエーベルを通じてエラスマスに予備調査を依頼し、改めて茅沼炭坑の開鑿を試みようとしたのである▼[3・4]。

この「伺」に先立ち、奉行所からの問合せに対するエラスマスの回答書が残っており、これがエラスマスの実像の初登場となる。幕末における「お雇い」の契約交渉の実態が知られる興味深い内容なので、全文を引くことにしよう。

私用

一千八百六十七年第一月十一月廿七日箱館に於て

副奉行荒木済三郎ヱスクワイルへ

当蝦夷嶋に於て貴国政府若し砿業取開に治定なしたる時は、予（＝余）其統領たるの望《のぞみ》阿る哉否、私《ひそか》に申立へしと奉行杉浦兵庫頭希望阿る由、右に付左に及回答候。

第一

予か専務といたす事件は岩内石炭坑の工業方を指揮いたし、一般其職主となり、且貴国にて鉄溶解を試んとの望阿らは、之をも亦司るへく候。

第二

上に記す所業に差支さる様如何にも日時を擦合せ、政府役人へ砿業、塁塞造築術、測量術、分析術、英学、伊多里亜学、教導向をも努むへく候。

第三

紙に石鹸蝋燭等之如き物品製造所造営方をも予の知見する処に随て指揮いたすへし。右物件之製作盛んなる時に至而ては、其利潤の一割を得んとす。

然と雖も予に於ては只坑卒の俸金を得んことを請ふ。予考ふるに、他の欧羅巴に遠く離れ、懸隔の地に在るを以て、初三年の間家事之費用并旅用の失費共毎年洋銀《ドルラル》六千枚にも至るへく、右三年期限之後は坑業利潤の一割を得んことを請ふ。若し右一割は俸金より利とする処阿らは、予其の一割を初三年の内たりとも所望す。尤予か勤務且つ其分割を得る事、十年の外に出すして止むへし。

貴君前条を当然と思考し、予か存意奉行尊下の意に応じたる哉否（か）告示なそは予に於て大慶なり。拝具謹言

エラスムス、ヱジ、ヱム、ガウル　手記

右翻訳仕候以上　　堀　達之助

寅十二月九日

これによって、エラスマスが技術コンサルタントとしてどのような能力をもっていたのか。何を売り込んでいたのかが良く分かる。それにしても当初三年間の年俸が六千ドル、その後は利益の一割とは、彼の交渉術も中々のものである。しかし杉浦も、先の「伺」で「エラスムスカワル儀は学術も有之、実地も格別訓練致し居候儀に付き」とか、「殊ニ至極篤行之人物に而、舎密《せいみ》学（＝化学）にも熟達致し居り」などと積極的に推薦しており、両者の信頼関係が伺われる。

幕府もまた「尤可成丈御入用不相嵩様、手軽に相試候様猶厚く勘弁之上」と、時節柄費用節減に努めるよう条件をつけて、この企画を許可した（慶応三年二月六日付け）。

その後、エラスマスが岩内茅沼炭坑で行った事績については、地方史から会社史まで、鉱業史から技術史まで多くの書物に取り上げられている。しかしその姓と同様、その内容も各書において気随気侭というほかはない。ここでは技術史に立ち入らず、「お雇い」史の立場からごく簡単に要

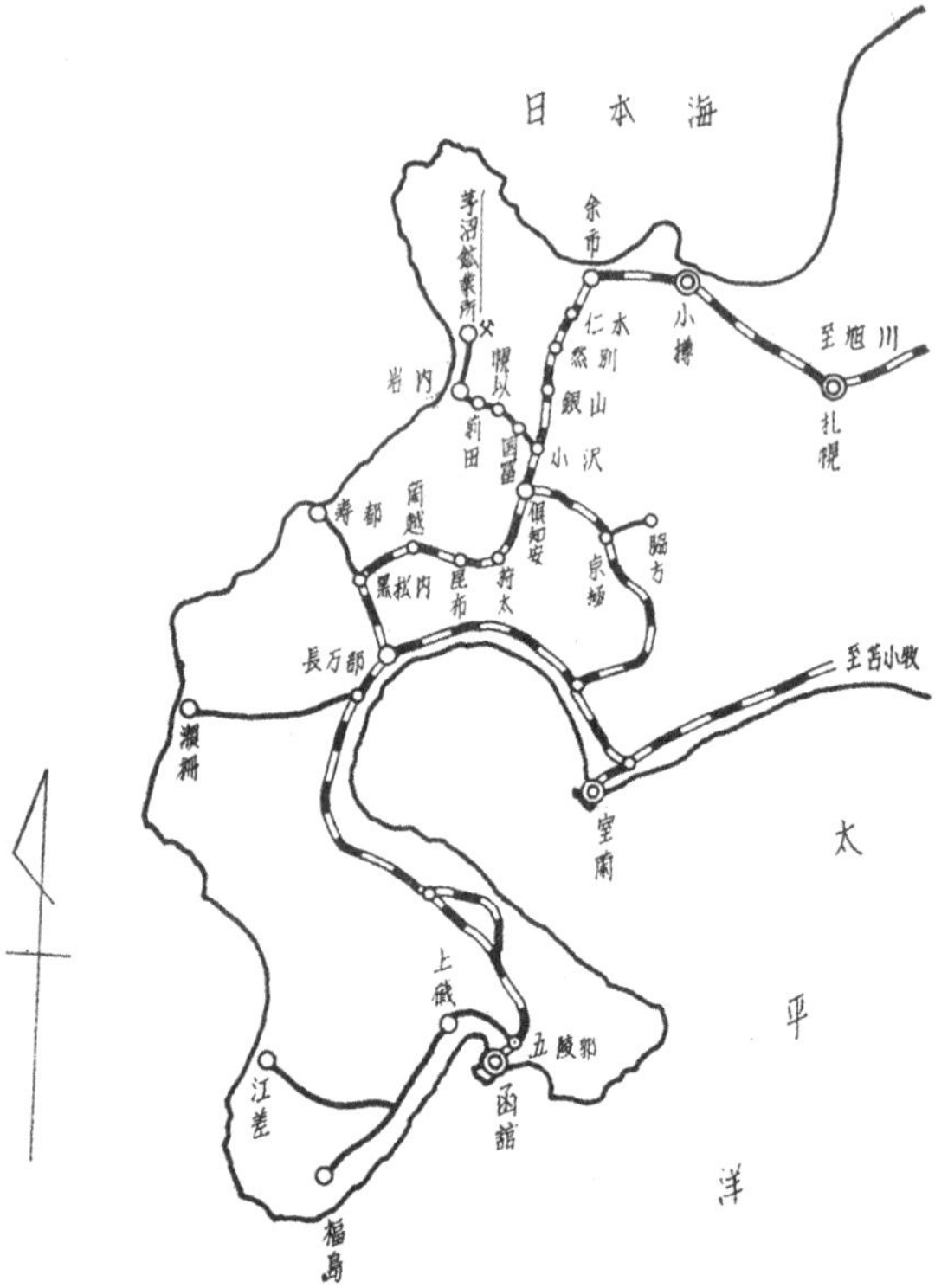

図2−1　岩内茅沼炭砿近傍図（昭和期）
出所）茅沼炭化砿業株式会社『開砿百年史』。

約する。例えばこうである。「翌（慶応）三年六月奉行所調役《しらべやく》蛯原《えびはら》庫太郎・下役《したやく》石井・川久保・郷田等と共に、岩内の茅沼炭山に至り、箱館近傍一《いちの》渡《わたり》鉛山の坑夫五名及び各地に募集せる土工を使役して開坑に着手す。先ず土工を以て海岸より炭坑まで道路を開通し、坑夫を以て開坑す。其の始めて開く所の坑口は、後に本口と称す。同年十月二哩余の道路落成し、更に官舎を築造す。坑夫七名を増して十二名となす。此年の採炭凡そ百屯なり。当時器械未だ備わらず、運搬に畚《もっこ》を用ゐ、海岸に輸送するには冬天雪橇《ゆきぞり》を用ゐしという」（河野常吉『北海道史人名字彙』（上）「ガールの項」）。

通常では、これにつづいてイギリス人機械技師ジェームズ・スコット▼5と協力して石炭輸送のための軌道敷設を行ったこと、また火薬による炭脈破砕法を採用したことが記され、「茅沼炭山の採掘に一機軸を画した。この軌道、炭車、火薬爆砕法の採用は、わが国最初のことであった」とし、この成果をみて幕府は佐渡金山調査にエラスマスを派遣したとする（原田一典『お雇い外国人―開拓』三〇―三二ページ）。ところが、上の河野著では、前掲部分につづいて、「以後箱館戦争の為め、事業を中止し、明治二年八月ガールは雇英人スコットと共に前事業を継続し、始めて輸車道を築設し、斜道を設置し、四屯車を運転し、且つ坑内に一輪車を用ふ。此の輸車器械類は英米より購入せるものなり。同山の起業略々竣功せしは、実にガールの力なり」という▼6。

エラスマスが慶応三年冬に幕府から佐渡調査の命を受け慶応四年正月に佐渡に着いたことはたしかであるが、この時は三ヶ月余の短期調査で、一度箱館へ戻っている。エラスマスの佐渡行の最中に王政復古が宣言され、戊辰戦争が勃発し、世情は騒然とした。しかしこの政変のさなか、幕府「お雇い」のエラスマスとスコット両人は新政府（開拓使？）に雇い継ぎされた模様であり、さらにエラスマスは、明治二年五月に鉱山司（のち工部省鉱山寮）の製鉱師として正式に新政府の「お雇い」となり、再度佐渡勤務を命ぜられる。貨幣改革をいそぐ新政府にとっても佐渡金山の再建は喫緊の要務であった。ただし、エラスマスが実際に佐渡に赴任したのは（米国に発注した佐渡金山用の製鉱器械が到着した）明治三年八月であるというから、河野説の「明治二年八月云々」もありえない話ではない。明治二年五月の佐渡行きの発令から（あれこれを挟んで）一年余はなお岩内の改革に取り組み、この間に一応の完成を見た可能性はある。

エラスマスの佐渡以後の物語は、次の節ですることにしよう。

図2−2　茅沼炭砿・鉄軌道図（1）—全図—

出所）山田民弥「恵曽谷日誌」。『(茅沼炭化砿業株式会社）開砿百年史』より複写。

註）絵の右側、軌道の三折して登った上に坑口があり、そこから海岸まで軌道が引かれている。谷間にみえる二軒の小屋が、「坂上の車小屋」か。山から下りて右寄り、桟橋らしいところが、大車から中車への積替え場と思われる。さらに下って中央左側に「役所」、その下あたりが「夷人の館舎」か。さらに左の集落が「カヤ沼浜」(本節註6参照)。

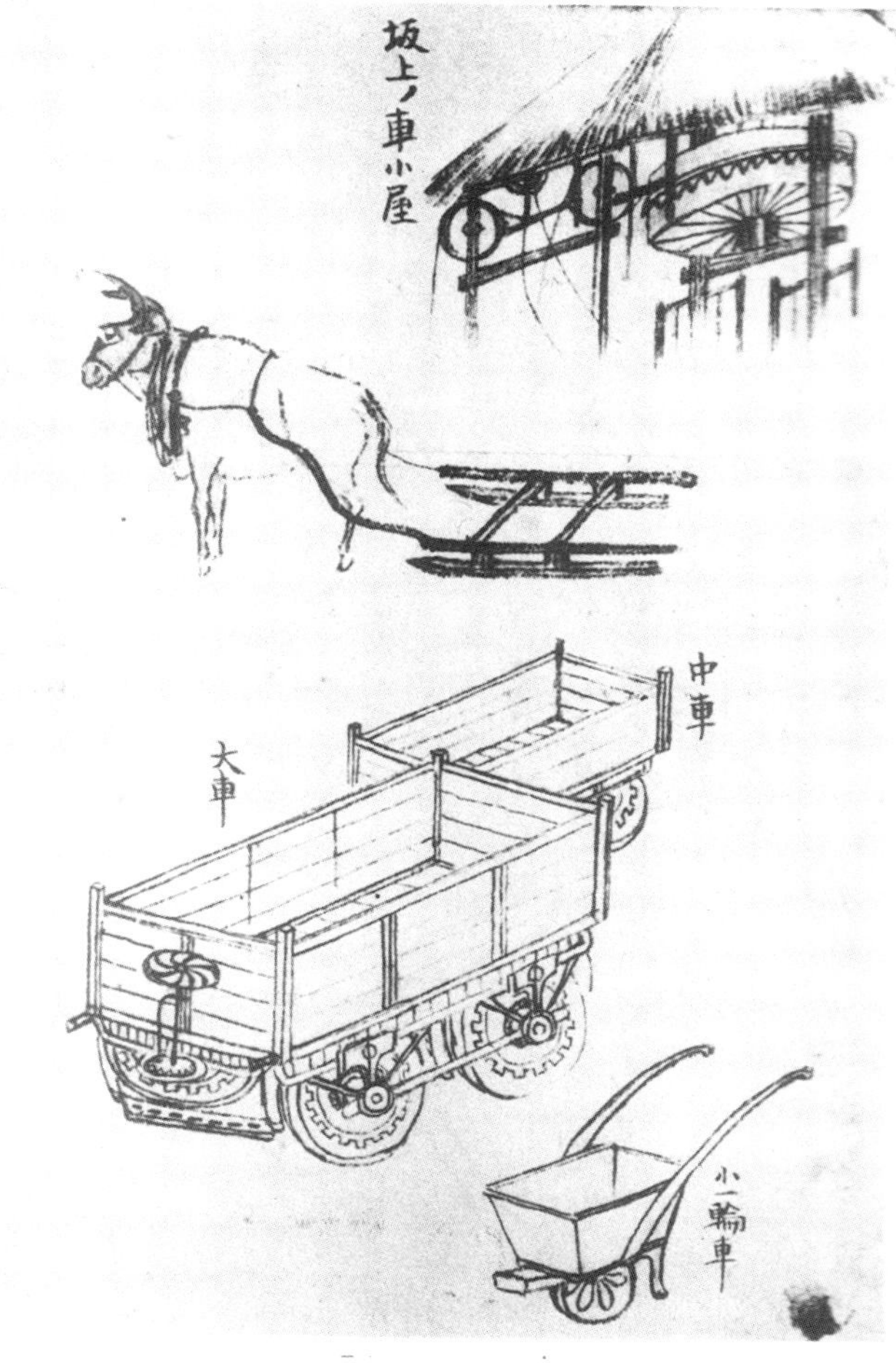

図2−3　茅沼炭砿・鉄軌道図（2）—炭車と操車小屋の図—

出所）山田民弥「恵曽谷日誌」。『(茅沼炭化砿業株式会社）開砿百年史』より複写。

註

▼1　一八六七年（慶応三年）夏のパークス公使のこの視察旅行については、公使館員として同行したアーネスト・サトウ『一外交官の見た明治維新』第一九章、ならびに萩原延壽『遠い崖』5、にくわしい。一行はたしかに箱館においてエラスマスが岩内炭坑開発に当っていることは聞いた。「ガウアーは岩内で海岸へ通じる道を測量したり、三、四隻の船を収容する防波堤を作ったりするためにいそがしく働いているそうである。岩内では外国船は自由に入港し、石炭を積み込むことが許されるという」（サトウの日記七月二九日の項）。また「蝦夷の西海岸にある岩内の炭坑について色々話がでたが、この炭坑は最近私の友人エラスマス・ガウァーの監督のもとに作業が開始されていた」（『一外交官の見た明治維新』）。サトウがエラスマスを「私の友人」といっているところは注目に価する。

▼2　河野常吉（編著）『北海道史人名字彙』（上）「ガール（イー・エッチ・エム・ガール）」の項によれば、「幕府に雇はれ、慶応二年蝦夷地に至り鉱山を調査す。九月実弟箱館在留領事ガール等と共に遊楽部《ゆうらっぷ》銀山に赴き、南沢・赤沢新坑を見て同銀山役人石川章右衛門に宿泊し、同人に金銀鉱採掘法並に製錬法等を授けて帰る」とある。確証を得ないが、この事実は、ブレークとパンペリーの文久二年夏の調査と混同されているように推測される。エラスマスが慶応二年のいつ、なぜ、箱館に現れたのかは未だ良く分からない。

▼3　最後の箱館奉行となった杉浦兵庫頭誠が奉行に任命されたのが慶応二年一月一八日、着任が四月二二日であった。またエーベル・ガワーが箱館領事に着任したのも同じ慶応二年一月一七日（一八六六年三月三日）、杉浦の着任の少し前であった。両者は着任早々、前任奉行の小出和泉守秀実と前任領事のハワード・ヴァイス（Captain J. Howard Vyse）の時代に起こったいわゆる「アイヌ墳墓盗掘事件」（すなわち慶応元年秋、領事館職員をふくむイギリス人三人が森村・落部《おとしべ》村のアイヌ墳墓を盗掘し、その遺体を本国に送った事件）が発覚し、遺骨の返還、賠償金の支払、関係者の処罰という外交問題の解決に尽力した。杉浦兵庫頭の五月九日の日記「和州（＝前任者・小出和泉守）同道、鶴岡町ガール方へ相越、骸骨一条ニ付談判致ス、甚六ケ敷《むずかしき》ナリ」（田口英爾『最

後の箱館奉行の日記』一六〇ページ)。この事件を巡る背景については、吉村昭の小説『黒船』が面白い。

▼4 エラスマスは慶応二年秋ごろから現地予備調査を行いその正式報告書が「伺」にいう「石炭山見分致候絵図並見込大意書」であろう。絵図その他この報告はいま残っていないが、前記『岩内石炭御用留』のなかに慶応二年十月に岩内現地調査を行った記録(の翻訳)が残っている。

▼5 ジェームズ・スコット(James Scott)はイギリス人の機械技師。箱館において木材業、海運・貿易業を営んだ英人トマス・ブラキストン(T. W. Blakiston)が蒸気鋸を導入するあたってその機械技師として元治元年(一八六四年)に来日。その後幕府の「お雇い」、また新政府の「お雇い」として茅沼、佐渡においてエラスマスに協力した。晩年は再び箱館へ帰り、倉庫業などを営んだ。一九二五年没。

▼6 アーネスト・サトウは一八六八年九月(慶応四年=明治元年八月)風雲急をつげる北方の情報収集のため再度蝦夷地(北海道)の調査旅行を行い、茅沼炭坑を検分し、ガワーにも直接会っている。以下は「サトウ日記」からの抜粋。「茅沼は岩内から約五マイルはなれた海岸にあって、日本人だけが住んでいる漁村である。ガウアーのやっている炭鉱は、曲がりくねった渓谷を約二マイル入ったところにあって、碇泊地からは見えない。ローヴァー号は炭鉱と海岸とを結ぶ軌道に使うトロッコ、鉄のレール、機械類を運んできたが、この工事の監督をしているのはスコットという男である」、「午後、われわれの一行はガウアーの案内で、炭鉱の視察に出かける。海岸から渓谷を入った約二マイルの地点まで、枕木と、その上を縦に走る木製のレールが敷かれている。ローヴァー号が鉄のレールを運んできたので、軌道はまもなく完成するだろう。海岸から約半マイルゆくと、この軌道に沿ってガウアーの家がある。ヨーロッパ風に設計された木造家屋である」、「ガウアーは中国と日本の全土に、一トンあたり四ドルで石炭を供給するつもりだと語った。現在進行中の作業が完了すれば、一日に二百トンないし三百トンの石炭を掘り出すことができるという。実に楽天的な男である。冬は、橇で石炭を運びおろすそうである」(萩原延壽『遠い崖』7、二四八ページ以下)。

サトウが言及する山元から海岸に至る鉄軌道について、明治三年春にこれを実見した米沢藩士・山田民弥は、

『恵曽谷日誌』に次のように記録している。「海岸より山の石炭坑まで、車道二十六丁の処、下へ柱を横に敷き、其上へ又竪に柱を二行に敷き、夫へ延鉄を張る。車は大中小三通りあり、大の方は車四輪ありて、前車上に動止をなす車ありて一人其所へ乗り、一度動かせば二十六丁の道独り走るという。車上の石炭を入る箱は、四トン入るという（一トン、二百六十八貫八百目のよし）。中の車は坂路を運送する車にて、坂路は鉄道二条になりて、坂上に又別車の小屋あり。其車より糸縄を引き、一端は石炭を積下す車へ附け、一端は坂を上せる空車へ附け、両車を上下する事、井の釣瓶仕懸なり。鉄道二条の所にて、両車行違ひになる仕懸のよし。中の車も四輪にて人の乗り居る所なし、石炭を一トン積むという。下の車は一輪車にて後に手を附け、押し出し坑中を運ぶなり。石炭を中車より大車へ移す所は、橋を架し置き、其下へ大車を据え、中車を坂路より直に橋上へ来る仕懸にして、橋の穴より大車の箱へ苦なしに移すなり」（『岩内町史』一四三ページ）。

この『恵曽谷日誌』について。安政六年に北海道が各藩に分割支配されることになったとき、後志国《しりべしのくに》恵曽谷郡（磯谷《いそや》郡）が米沢藩の警備下におかれ、米沢藩士が同所に駐在することになったが、明治初年にその一員となった山田民弥が、明治二年一〇月から同三年四月までの克明な記録を書き、浜崎八百寿が挿絵をいれた日録。一九五六年に北海道大学図書館に収蔵されたというが、著者未見。

四　「お雇い」鉱山技師エラスマスの明治（一）

「ご一新」を佐渡で迎え、急遽（江戸経由で）箱館に帰ったエラスマスのまわりでも環境の変化があった。エラスマスの留守中に茅沼炭坑を視察したイギリス人・グロスマン陸軍少佐の報告（吉田光邦『お雇い外国人―②産業』一二九―一三〇ページから再引）。「ガワール氏がその職をやめ、他国の人に代えることは、函館の一部の外人たちには歓迎すべきことのようにされている。彼らはガワールの指導はうまくいかなかったという。けれども実地を見た自分は、そうは思わなかったのである。」一部の外人たちとはだれか。また箱館奉行所の廃止とともに日本人の間にも微妙な空気が流れたであろう。

そうしたなかで、エラスマス自身がみずからの活動を新政府の町田外国官判事に報じた書簡なるものがあるので、それを次にみよう（吉田、前掲書、一三一―一三五ページから再引）。

　エゾ島の岩内石炭山のことを引きうけているとき、私は佐渡に赴いて鉱山を調査して報告すべきことを、一八六七年秋に幕府から依頼された。そこで一八六八年一月、佐渡へ渡り、四月まで滞在していた。（中略）

　金の鉱脈は南西と北東にならび通り、その幅は二十〜六十尺、または八十尺までである。鉱脈は主に石英か長石で花こう岩や越砥石を含んでいる。この鉱脈は私の思うには最も富饒なもので、数百年は稼行でき、巨大な利益があろう。この鉱坑は熟練した技師が作業しているが、西洋式とはちがう方法である、西洋ならばわずかの坑夫で工程もはかどり、新式の機械も使用するところである。佐渡でも西洋式を採用すれば、現在地中で労働する仕事も楽になり、火薬や機械を利用すれば、時間と経費を節することもできる。

エラスマスはこの後、鉱石搬出用の軌道、蒸気機関付き排水ポンプ、砕鉱用・洗鉱用・金銀分離用の機械の設置、等の利点を述べたあと、この書簡を次のように結ぶ。

（旧）徳川政府は佐渡で機械を利用したい計画であったので、私はこの（一八六八年）十月には佐渡へ戻る予定であった。そこで自分はイギリスに機械一組の値段を調べさせていたが、そのころから世情は混乱し、ついに政府は一新されたので、そのままにしておいた。しかしいまは国家の収入を増し、さらに佐渡鉱山を盛業させる方策はある。けれどもその方策を実行するには、わたしは二、三年の間、日本政府と契約してする必要がある。この種の仕事は二、三ヵ月でできるものではない。岩内炭坑の仕事は成功した。けれどもそこの仕事も機械によらねばならない。私には一、二ヵ月で工事ができようと思う。

金を洗って採取するにはカリホルニアおよびオーストラリアで使われる道具の使用法を教えることで、従来より産額を増すことができよう。これらの道具は佐渡でもつくることができる。私は佐渡で火薬の使用法および鉱石を砕く前に焼結することを教えたところ産額は前年度の三分の二増加したことを付言しておこう。

吉田光邦によれば、この書簡は明治新政府に対するエラスマスの「売りこみ運動」であったというから、前節で紹介した箱館奉行・杉浦兵庫頭宛の書簡とまさに一対をなすものといえよう。文中から察するに、この書簡は明治元年末から二年初に書かれたものであろう。それが成功し、新政府の鉱山司「雇い」の製鉱師に採用されたのが明治二年五月二五日。その直後に仮調査のため佐渡入りして一度箱館へ帰り、アメリカ（サンフランシスコ）へ発注した機械類の到着をまって明治三年八月、鉱山関係担当の井上勝・民部権大丞（鉱山正兼任）がエラスマスとスコットを率いるかたちで正式に佐渡入りし、機械の設置など本格的な金山改修工事が始まることになる。

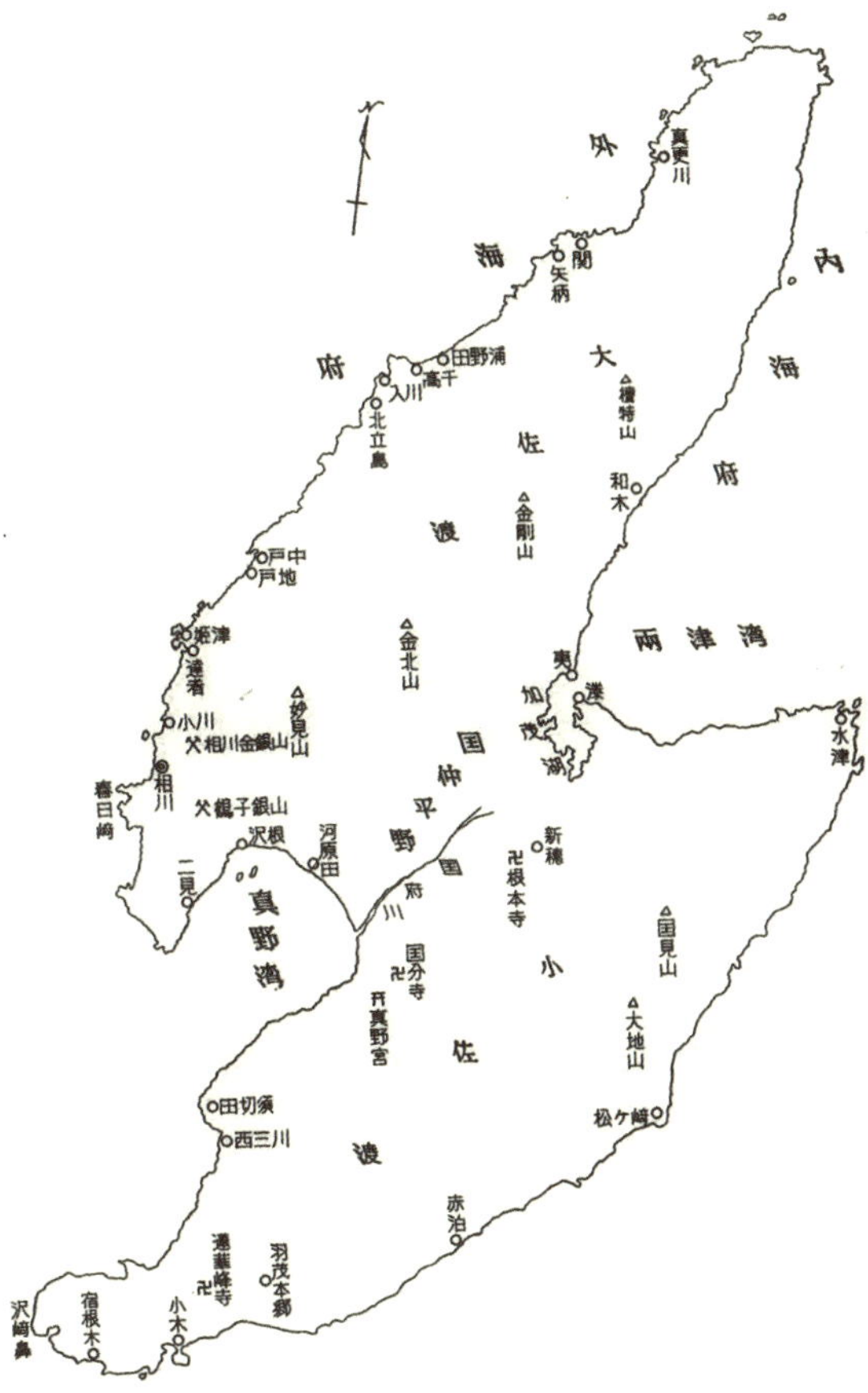

図２−４　佐渡相川金銀山近傍図

出所）麓三郎『佐渡金銀山史』。

まさにこれと対応する機械買入れ交渉の経緯がジャーディン・マセソン文書に見出される。すなわち一八六九年（明治二年）一二月四日付の横浜店H・スミスより香港本店宛書簡に、エラスマスを仲介とする日本政府からの鉱山機械の注文が報告されている（石井寛治『近代日本とイギリス資本』二三三ページから再引）。

同封した一二月四日付のパロット商会宛の私の書簡をご覧下さい。日本政府注文の鉱山用機械の見積書を送れという内容がこれでよいかどうか心配ですが、ガワー氏（Mr. Gower）に向って同商会名をオルソップ商会と一緒にあげたときに、氏は前者が明らかに適当だと述べたので、同商会へ連絡した次第です。氏の言うところからすれば、この取引はきっと同様な性格のさらに重要な諸注文へとつながるものと思われます。……このような取引がジャーディン＝マセソン商会によって申し分なく遂行されるならば、日本政府とさらに親密な関係にわれわれを導き入れるでしょうから、大いに好ましいことであります。

工部省が一八七〇年一二月（明治三年閏一〇月）に設置されるまで、ジャーディンが扱う日本政府の鉱山機械輸入はエラスマス名義の政府勘定（Government Account）として扱われ、資金は大蔵省から商会へ手渡されたという。またこの時の注文は、オルソップ商会とパロット商会の双方（いずれも在サンフランシスコ）に対してなされ、横浜店では五月に前者に対して一万八四三三ドル、九月に後者に一万四一五一ドルをそれぞれ為替送金し、ジャーディンはその五％にあたる一六二九ドルを手数料として得たという（石井、前掲書、二三三―二三四ページ）。

なおついでにいえば、エラスマスとジャーディンが極めて近しい関係にあったことはこれまで述べてきたところからも推測できよう。ジャーディン横浜店にはエラスマスの個人勘定（Private Account）が開設され、日本政府からの給料などを預るとともに、ロンドン送金や各種支払を代行していたという（石井、前掲書、二三三ページ）。ちなみに、エラスマスのこの時の給与が月額六〇〇ドルであったことは先に触れた。太政大臣・三条実美の月俸が八〇〇円といわれた時代、仮に（この時期）ドル・両・円を等価とすれば、月給六〇〇両（円）、年俸にして七二〇〇両（円）という高給取りであった。地位的にも金銭的にも、この頃がエラスマスの絶頂期であったことが推測される▼1。

さて佐渡金山におけるエラスマスの事蹟である。これについては志保井利夫の前掲「エラスマス・Ｈ・Ｍ・ガワーの生涯とその業績」第二部が詳しい検討を加えている。エラスマスの改良は、一言でいえば、カリフォルニア式搗鉱機と混汞装置の導入による洋式製錬法（＝鍋混汞法）の採用であった。

まず鉱石を搗鉱機によって破砕し、さらに搗鉱機にかけて水砕・粉砕する。粉砕された泥鉱は混汞鍋に移され、鍋は毎分五十五回の速度で回転して鉱泥を磨鉱する。この間に丹礬、食塩、水銀を加えて蒸気を吹き込み、加熱磨鉱することによって、金は水銀と合金してアマルガムをつくり、また丹礬は食塩と化合して亜鉛化銅となって鉱石中の硫化銀に作用して塩化銀を作り、水銀によって銀のアマルガムとなる。一回の操業に六時間を要し、一昼夜四回の操業であった。混汞作用が終れば、アマルガムおよび泥鉱を分離機に移して水洗し、アマルガムを分離する。アマルガムは濾汞機に導いて洗浄したのち、蒸留して水銀を除去して粗金銀とし、さらに精製して金銀塊とする（麓三郎『佐渡金銀山史話』四二〇ページから要約）。エラスマスが当初に作った設備は、搗鉱機五基、混汞鍋六基、蒸気機関は二五―三〇馬力、一日四五トンの計画で実際には二五トン程度であったとされる（志保井、上記論文、第二部、一四〇ページ）。

これらの機械の据付は明治五年にいたって終了し試験運転をおこなったが、工部省の記録は「此試験好結果ヲ得ス、六年二月四日復タ旧製煉ニ復シ「ガワール」を帰京セシム」（『工部省沿革報告』のうち「佐渡鉱山」の項）と、誠に冷たい記述で終わっている。

エラスマスの「失敗」について、志保井利夫の指摘は三つほどに整理することができる。その一は、エラスマスが採用した方法すなわち湿式の水銀製錬法が硫化物に富む佐渡の鉱石に合わなかったことである。事実、エラスマスの後任で、ドイツで学位を得た米人鉱山技師アレキシス・ジェニン（Alexis Janin）によって、「佐渡の硫化物に富む鉱石は乾式製煉で、金銀のみ含む珪酸鉱はガワーの残した設備で処理され、非常な苦心の結果、明治九年に至って佐渡の経営は軌道に乗ることになった」（志保井、前掲論文、第一部、二一〇ページ）。その二に、これと関連して、工部省鉱山寮本寮の「鉱山師長」として鉱業技術全般にわたって指導監督し、ジェニンの推薦者であったジョン・ゴッドフレー（J. G. H. Godfrey）との確執である。推測するに、ある意味では古い技術と新しい技術の確執であったのかもしれない。三つ目は、佐渡の失業問題である。洋式製煉法の導入によって従来の「粉成方《こなしかた》」や「吹方《ふきかた》」、また運搬の機械化にともなって従来の「脊負子《せおいご》」などの職が奪われ、その数が明治三年三月の報告では二千人に上ったという。そのため相川県参事が太政官に対して「英国鉱師を恨み如何様の奸曲取工み、又は万一製鉱所に火災等も有之候ては……と一日も安心不仕候」と訴える事態になった（麓、前掲書、四〇二ページ以下）。先の「旧製煉ニ復シ」た事情の一部はここにもあったと推測される。

さて「帰京セシ」められた「ガワール」は、同六年七月、工部省を解雇となった。エラスマスの「お雇い」時代は終わった。『工部省沿革報告』におけるエラスマス・ガワー（ガバール、カワール、ガハール、ガール）は、次に中小坂鉱山の項にわずかに姿を現し、そして消える。

註

▼1　明治初期における「お雇い」の給与については梅溪昇『お雇い外国人』に附された「公私傭入外国人明細表」により概略が知られるが、それらと比較するとエラスマスの月給六〇〇両（円）というのは飛びぬけた高給であった（あわせて植村正治「明治前期お雇い外国人の給与」を見よ）。しかし同時に、傭鉱山師「ガバール」は佐渡金山改革のほかにも大いに使われている。明治二年一一月には「肥前国平戸ニ遣リ其水銀山ヲ討検」せしめられ、明治四年七月には「下野国宇都宮ニ遣リ其鉱山を討検」せしめられている（『工部省沿革報告』）。志保井重要「思い出の記」のなかで、「日本全国の鉱山及び地質資源調査に従事し、一年余にて完成す」というのも、まんざらデタラメではない。

五　「お雇い」鉱山技師エラスマスの明治（二）

群馬県甘楽郡に所在する中小坂鉱山は古くから鉄山として知られ、安政年間には幕府が開発を企図し、溶鉱炉の建設を試みたが、「工未夕竣《おわ》ラス、偶《たまた》マ維新ニ際シテ廃止ス」という。明治三年以降、民部省から払い下げをうけた華士族・町人が代るがわる採鉱を試みたが五・六年にいたって「僅カニ銑鉄ヲ得」る状況であった。「（明治）六年十二月又之ヲ仝（東京）府士族丹羽正庸ニ譲与ス、正庸乃チ英国人「ガール」ヲ傭ヒ、以テ工師トナシ、旧炉ヲ廃シテ、蒸気器ヲ据設シ、鎔砿炉ヲ改築シ、更ニ英国人「ウオートルス」ヲ傭ヒ、以テ之ニ委托シ、工事落成ス」（『工部省沿革報告』）。「お雇い」を解雇されたエラスマスは丹羽正庸に雇われ、中小坂鉄山の「工師」となり、蒸気機関の設置、溶鉱炉の改築に当ったのであった。しかし完成を待たず、七年五月には同じく丹羽の経営する北品川の硝子製造所（場）に転じている。

ここに現れる丹羽正庸は太政大臣・三条実美の家令であり、「興業社」なる組織を作ってこの中小坂鉱山や次に述べる硝子製造所の経営に当ったが、これらの事業は「政府の最高責任者（たる三条実美）の個人事業としての性格を帯びていた」（石井寛治、前掲書、一三五ページ）。またジョセフ・ウォートルス（Joseph Waters）は、先に述べた鉱山師長・ゴッドフレーの直属の部下、工部省鉱山寮本局の鉱山副師長を勤めた大物の英人「お雇い」であったが、明治七年八月に満期解約、丹羽の中小坂鉱山に招聘されている。エラスマスが手がけた仕事の完成を待たずにわずか一年半で品川の硝子製造所に「転任」になっていること、その後の工事をウォートルスが完成させているところから推測するに、佐渡における同様の問題や確執があったのかもしれない。しかし、そうしたエラスマスが月給五百円という高給で、職掌柄やや場違いな硝子製造所に「転任」になっているのはなぜか。

実は、エラスマスと丹羽を結びつけたのが、ここでもジャーディン・マセソン商会であったらしいことが注目される。石井寛治の研究によれば、ジャーディン横浜店の明治初期における輸入代理業務は、海軍を中心とする軍・政府関係とならんで、新興民間企業とくに政府高官が関わる事業に対する機械類の輸入（およびそのための融資）が重要な取引分野をなし、三条家の丹羽正庸もその主要な取引相手のひとりであったという。同様のことは後藤象二郎の「蓬莱社」との関係にもみられ、のちに高島炭坑問題に発展するが、これは次の物語になる（石井寛治、前掲書、二三五―二三六ページ）。

この品川の硝子製造所は、明治九年四月には工部省に買い上げられて一時官営化されるが（品川硝子製造所）、エラスマスはそれより前の八年四月にはここを辞めている。辞職であったのか解雇であったのか明らかでないが、鉱山と窯業ではやはり勝手が違ったであろう。

さて、そののちエラスマスはどこへ行ったか。「外務省記録」によれば、東京府貫属士族・後藤猛太郎に石炭山試験のため短期間雇われたという（原田一典、前掲書、三二ページ）▼1。後藤猛太郎が後藤象二郎の嫡男であることは間違いあるまい。そうとするとこれは高島炭砿にかかわり、『明治工業史』（鉱業篇第三編）がいう「金剛錐掘は、明治九年、長崎県深堀の人、峰真興、英人ガワーを雇聘して、高島炭砿の隣接小島二子島に、深さ二百四十尺の試掘をなしたるを嚆矢とす」につな

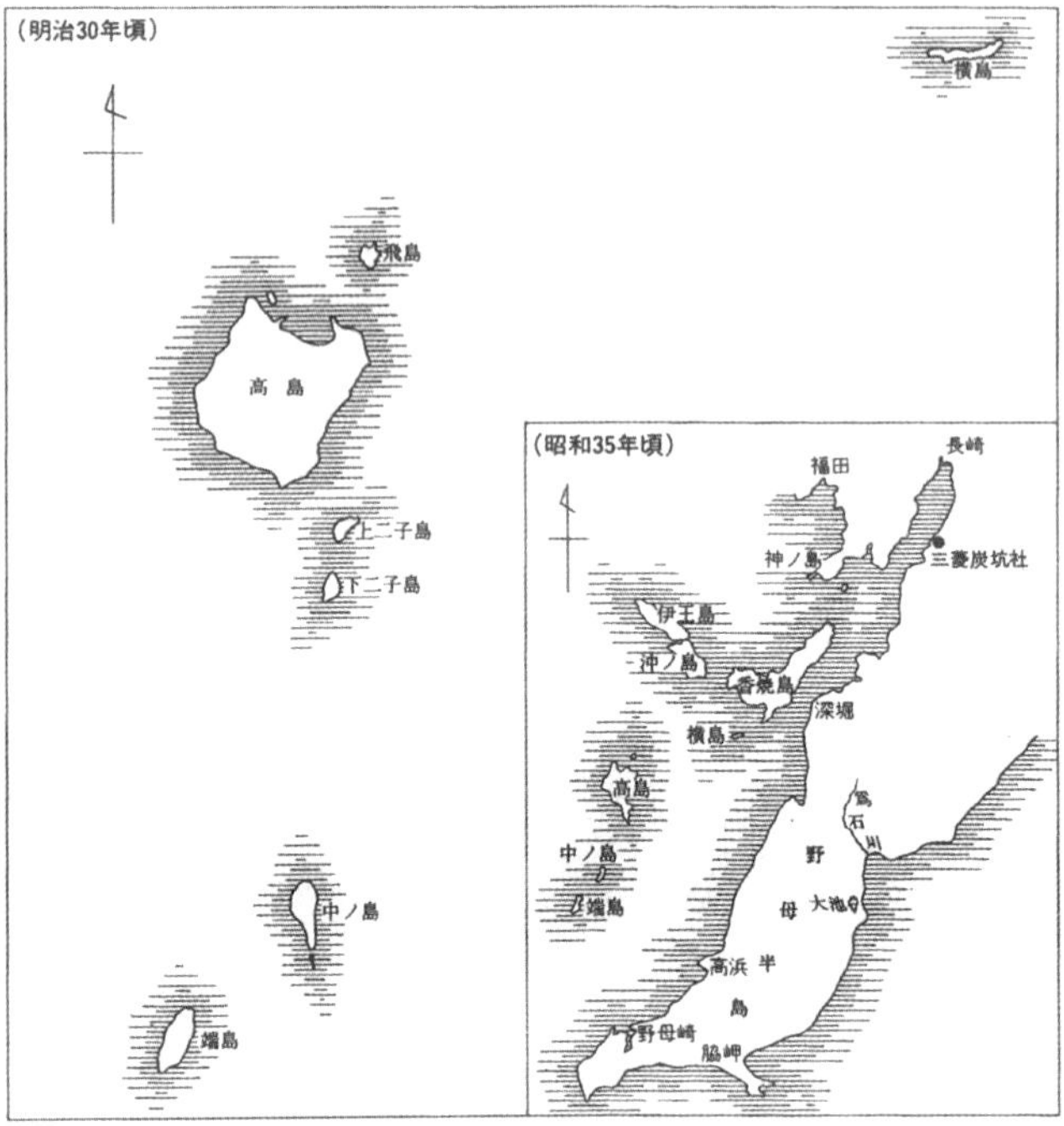

図 2−5　高島炭砿近傍図

出所）『高島炭砿史』。

がらなければならない。まずは高島炭砿である。

高島炭砿の近代史は、慶応四年（一八六八年）肥前藩が英商グラバーと合弁契約を結び、共同開発に乗り出したことにはじまる。ところが実質的に資金を出して開発に当ったグラバー商会が明治三年（一八七〇年）夏に倒産し、最大の債権者であったオランダ貿易会社が操業を一時引き継いだ。ところが、さらに明治六年七月「日本坑法」が制定されて外国人の鉱山所有・経営参加を認めないことになり、明治七年一月洋銀四〇万ドルを支払って、官収し官営化された。ところがところが、はやくも同年一一月には後藤象二郎の「蓬莱社」へ払い下げられ、同社の高島炭砿の運営に（実はグラバー商会の資金源でもあった）ジャーディン・マセソン商会が多額の融資を行うにいたる。なぜ高島炭砿では佐渡、生野、釜石のように官営化が続かなかったのか、なぜ高島では「日本坑法」に違反する外国資金の投入が黙認されたのか。政府高官の個人事業の優遇という性格がここにも表れているとみるべきかもしれない。

ともあれ明治九年、（多分ここでもまた）ジャーディン・マセソン商会の媒介でエラスマスはふたたび鉱山技師として長崎郊外の高島炭砿に現れる。高島ではダイヤモンド・ドリルによる試掘をおこない七二メートルに達したこと（前述『明治工業史』）、また「高島の為に軽便鉄道を輸入し使用せしめた」（志保井重要「思い出の記」）ことが伝えられている。峰真興なるひとがどのような人物かはわからない。「蓬莱社」の現地側の責任者と考えるのが都合がよい▼2。また、かつて高島は、高島、上二子島、下二子島の三島からなっていたというから、場所についても問題はあるまい。

志保井利夫は、高島炭砿におけるエラスマスを、コンサルタント的役割を果たしたものと見ている（志保井利夫、前掲論文、第二部、一三三ページ）。それに関連して面白いエピソードがある。明治七年一一月、高島炭砿の「払下げ」を受けた後藤象二郎がその一二月に長崎経由で香港に行き、ジャーディン・マセソン商会本店でその首脳部と石炭取引等について打合せをおこなったが、その同行者は、ジャーディン横浜支店のＥ・ウィッタル、吉田健三（吉田茂の岳父）、そしてガワーであったという（石井寛治、前掲書、二九六ページ、註一三）。このガワーはＳ・Ｊであろうか。どう考えてもエラスマスであろう。そうとすれば、「蓬莱社」の高島炭砿払下げの当初からエラスマスはこの計画にかかわっていたことになる。この時期、品川硝子製造所との関係がどうなっていたのか。当面は不明として残しておくことにしたい。

高島炭砿の歴史はここでの問題ではない。「蓬莱社」の経営も結局は「武士の商法」であった。明治一三年三月には岩崎弥太郎の三菱商会に売却され、やがて日本を代表する炭坑として繁栄するにいたる。しかしエラスマスは明治一二年には長崎を離れ、そして翌一三年には日本を離れることになる。

註

▼1　「外務省記録」に収められている「華士庶外国人雇入鑑」によれば、このときの東京府貫族士族・後藤猛太郎との契約は「明治六年一二月より三一日」間で、月俸は「八〇〇ドル」というものであったという。この期間および月俸（のやや異常さ）から類推するに、この時の契約は（すぐ後に述べるところの）後藤家による高島炭砿買収のための事前調査の一環に従事するものであったのかもしれない。

▼2　石井寛治によれば、「蓬莱社」の炭坑経営の責任を主に担ったのは竹内綱（すなわち吉田茂の実父）であったという（石井寛治、前掲書、二八八ページ）。

六　エラスマスの離日・その後

慶応二年以前のエラスマスが霧に包まれているように、明治一三年離日後のエラスマスについてもその姿はあまり定かでない。志保井重要「思い出の記」がほとんど唯一の手がかりに戻ってしまう。

さて、明治一三年離日後のエラスマスが病気療養のため明治一九年夏に再来日して二ヵ月ほど伊香保に滞在し、日本に残した一二歳の息子・志保井重要に面会したことは先にも述べた。また重要がその後高田商会に入社し、ロンドン支店に赴任する途次、明治三三年一一月にリヴォルノ郊外の父の隠棲地を訪ねたことにもふれた。以下はその折の「父の直話」である、という。

父は十四年前伊香保にて静養せしは、シャム、ビルマ、印度に於ける諸鉱山に於て執務中病気にかかりたる為にして、健康を取戻して再び同国に向い、尚ロンドンにて鉱山事務所を開き支配人任せになし置きたるに、同人不始末のため大損害を蒙り閉鎖するに至り、遂に故郷伊太利に帰り、老後の楽として此の工場を監督するに至りたる事、既に述べたる通りと分りたり。

同夕元英国領事として初めて来朝せし事ある弟の未亡人方へ連れ行かれ晩食を共にす。此の邸宅は（重要がリヴォルノについて最初に父の所在を尋ねあるく――山本）途中御者が馬車を乗込ませたる邸宅なり。父より紹介し呉れたれども家族一同、伊語より他に通ぜず、至極遺憾に覚えたり。

エラスマスは中国から日本に渡って一五年余、そのあとはシャム（タイ）、ビルマ、インドと「大英帝国のアジア」を経巡ってロンドンに帰った。しかしうまくは行かなかった。結局、生れ故郷のリヴォルノ郊外に隠棲する。先に引退していた弟エーベルが、兄を誘ったのかもしれない。リヴォルノでは「老後の楽しみ位の積り」で友人のワルシュ氏経営のセメント工場の監督を引き受け、その社宅に住んだ。

友人ワルシュ氏は、ウォルシュ・ホール商会の設立パートナーであるウォルシュ兄弟の兄トーマス・ウォルシュ（Thomas Walsh）であろう。一八二七年ニューヨークで生まれ、弟とともにアフリカ・インドを経て中国にわたり貿易に従事、日本の開国とともに長崎、次いで横浜、神戸に進出。その横浜事務所がアメリカ居留地一番にあったので「亜米一商会」とよばれ、ジャーディンの「英一番館」と双璧をなす外商となった。トーマス・ウォルシュは一九〇〇年に離日してロンドンで過ごし、翌一九〇一年に亡くなっている。彼がなぜこの時期に、なぜリヴォルノ郊外にセメント工場を持ったのかは良く分らないが、いまもその跡地はリヴォルノ市郊外に残っている[1]。

弟エーベルはこの前年一八九九年に亡くなっているから、未亡人と子供が残っていたのであろう。この文章からすると、エーベルの妻はイタリア人であったらしい[2]。

エラスマスと重要が面会した三年後、「即ち一九〇三年、七三歳、日本式の七四歳を以て十二月十五日朝食後突然卒倒し不帰の客となりたりとの電報一週間程の後、長崎のグラバー氏より着す」。このときトマス・グラバーは六五歳、すでに自身は長崎を引払い、東京芝公園の邸に住んでいたはずであるが、長崎には倉場富三郎（グラバーの息）やホーム・リンガー商会（Holme Ringer & Co.）をはじめ関係者が多く残っていた。

註

▼1　志保井重要「思い出の記」によれば、エーベルとエラスマスの隠棲の地は、彼らの誕生の地でもあるリヴォルノ市 Livorno 中心部から一五キロほど南に下ったキオーマ Chioma であったように読める。しかし第三章でまた述べるように、われわれの調査によれば、エーベルの邸宅およびエラスマスの住んだセメント工場があったのはキオーマよりひとつ北のクェルチャネッラ Querciannella という集落であったはずである。現在、クェルチャネッラはリヴォルノ市に属し、キオーマは隣市のロシニャーノ・マリッティモ市 Rosignano Marittimo に属する別の集落である。いずれにせよ両集落はごく接近した隣接地であるから、ほとんど同じ地として呼び習わされていたのか、重要の記憶違いかは現在のところ不明とする。

▼2　戸籍登録所 General Record Office（以下 GRO）Consular Marriages の記録によれば、エーベルは一八八六年―一八九〇年の間に、ジェノヴァにおいて結婚届を出している。またネットによる未確認情報では、その相手は Merope Annanziata G. Ferrari であるという。エーベルの後裔については第三章第三節を見よ。

七　エラスマスの後裔

エラスマスの出自と家系については次の章で考える。それでは彼の後裔たちはどうなったのか（系図1参照）。ふたたび志保井重要「思い出の記」である。

父（＝エラスマス）は最初の妻との間に一男一女あり。一女すなわち異母姉は在長崎ホーム・

リンガー商会リンガー氏の夫人なり。隔年位に子供等を引連れて渡英す。夫死後渡英の度数、前の如くならず。住吉宅（＝重要の自宅）にも来たり和食を共にせしことありしも、十余年前昇天せられたり。長次男は父業を継ぎ、ノルウェー、スウェーデンの名誉領事を兼ぬ。戦後如何になりしや、未だ消息を知らず。

父の長男即ち異母兄は米国にあり、余の渡英前東京に来り、グラバー氏宅に泊り、余に面会を望みし由なれども、面白からざる人物なりとてグラバー氏は余を紹介せず、米国行汽船の乗船券を購入して彼に与え、日本を去らしめたる由なり。聞けば、米国にて無頼者相手の酒場兼撞球場を経営し居り、在英ガワー一族とは殆ど音信なき由なり。

まず、エラスマスには志保井重要の母・志保井うたの前に、もう一人先妻がいた、そして二人の間には一男一女がいたという。その結婚はいつ、どこのことで、その相手はどのような人物か。重要の文章のニュアンスでは日本人を思わせ、利夫が作成した「エラスマス・H・M・ガワーの年譜」によれば文久元年（一八六一年）に「先妻と結婚」し、翌二年（一八六二年）には「長女生れる」となっている。

問題は二つである。われわれはエラスマスの来日を慶応二年（一八六六年）のこととしてきた。この結婚が日本で、日本人との間で行われたとすれば、「お雇い」エラスマスの登場も数年早めなければならなくなる。もうひとつは先妻の国籍の問題である。彼女は日本人なのかイギリス人なのか。一男一女の一女の話から見てみよう。

系図１　エラスマスとその後裔

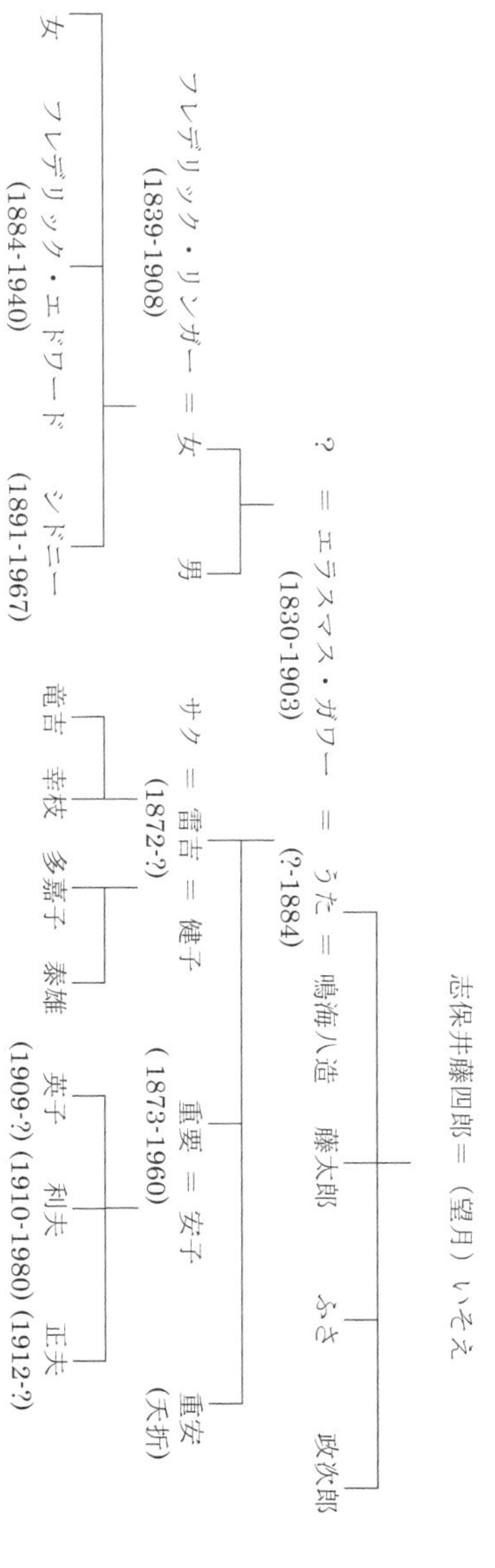
志保井藤四郎＝（望月）いそえ
？＝エラスマス・ガワー＝うた＝鳴海八造
(1830-1903)
(?-1884)
藤太郎
ふさ
政次郎
フレデリック・リンガー＝女
(1839-1908)
男
サク＝雷吉＝健子
(1872-?)
重要＝安子
(1873-1960)
重安
(夭折)
女
フレデリック・エドワード
(1884-1940)
シドニー
(1891-1967)
竜吉
幸枝
多嘉子
泰雄
英子
(1909-?)
利夫
(1910-1980)
正夫
(1912-?)

「一女すなわち（重要の）異母姉は在長崎リンガー商会リンガー氏の夫人なり」という。このリンガー氏が、トマス・グラバーの来日以来その右腕としてグラバー商会を切り回し、一八六八年に独立してホーム・リンガー商会を興したイングランド出身のフレデリック・リンガー（Frederick Ringer）である外はない。彼は一八三九年生まれ、一九〇八年病を得て故郷のノリッヂへ帰り、その暮れに亡くなっている。「彼には英人の妻との間に二男一女があり、長女はすでにロンドンの新聞記者に嫁いでいたが、息子はいずれも出生が遅く、」長男フレデリック・エラスマス・エドワードはこの頃まだ二四歳、次男のシドニー・アーサーは一七歳であったという（多田茂治『グラバー家の最後』、一五〇ページ）。この「英人の妻」がエラスマスの最初の娘であろうか[1]。もしそうとすれば、彼女の息子二人がトマス・グラバーや商会関係者の後見で長崎に残り、やがてロンドンで教育を受けた後、ホーム・リンガー商会のパートナーとなって長崎・下関に勤務し、フレデリック・エドワードがベルギーとスウェーデンの名誉領事を、シドニー・アーサーがノルウェーとポルトガルの名誉領事を勤めたことはたしかである（H. S. Williams, *The Story of Holm Ringer & Co., Ltd. In Western Japan 1868-1968*, p.54）[2]。

「異母姉リンガー夫人」が重要の大阪・住吉の自宅を訪ねて食事を一緒にした話などには臨場感がある。また、「異母兄でいまはアメリカに住むという一男」についても、その描写はきわめて具体的である。エラスマスの最初の妻とその一男一女については、まだ調べなければならないことが多い。もしも、エラスマスが来日前に、例えば中国において英国系の女性と結婚していた、その娘がリンガーと結婚して日本に住んだというのであれば誠に都合がよいのだが。

エラスマスの二度目の結婚とその妻についてはやや霧がはれる。明治二年、志保井うたと結婚、東京深川砂町に居をかまえる。うたは、銀座役人・志保井藤四郎と（土佐藩鷹匠の望月家の出）いそえの長女。明治五年、長男・雷吉、明治六年、次男・重要、明治?年三男・重安誕生。ただし重安は夭折したから、こちらの後裔は二人の息子ということになる。

エラスマスが砂町に居宅を構えたのが明治二年、同三年九月に佐渡に赴任するまではここに住んだというが、この間に佐渡にも調査に行き、岩内（茅沼）炭坑の仕事もしているから、いわば東京における活動の拠点としたものと思われる。また明治六年からは東京にもどり、明治九年からの高島炭砿勤務までもここに住んだものであろう。重要の思い出に、彼が小学校入学当時すなわち明治一二年前後の一年余は、母と兄が長崎に行き、父と共に住んでいたという。ところが、長崎を解雇されるやすぐにエラスマスは離日を決意したらしい。明治一三年には砂町の自宅、深川六間掘の「本邦最初のメリヤス工場」の権利、高野鉱油会社の株、などを子供たちの養育費や生活費としてうたに与えて日本を去る。そしてうたは、その年のうちに警察官であった鳴海八造なる人物と再婚するが、エラスマスが残した財産は結局この鳴海（と母方の叔父）によって蕩尽されてしまう。明治一七年八月うたは貧窮のうちに亡くなり、雷吉、重要は小僧に出される。それが（祖母の訴えによって）かつてエラスマスの恩義をうけた高田慎蔵に見出されて引き取られ、学校へ行かせてもらい、やがて高田商会に入る話はすでにした。

志保井雷吉は攻玉舎を出て郵船の機関士になったといい、また高田商会上海支店長を勤めたあと、ボイラー関係の代理店として独立したが成功しなかったというが、詳しくはわからない。二度結婚し、サクとの間に一男一女、健子との間に一男一女を挙げた。長男・竜吉は北海道にて石炭採掘に従事した。（飯塚）喜美子と結婚して二男・五女を挙げた。長女・幸枝は一時高田商会に勤めたが、結核により若くして亡くなった。後妻との間の次女・多嘉子は浦賀水産株式会社専務・石川彰三と結婚した。次男・泰雄は横浜商業を卒業後浦賀水産に入社した。美智子と結婚し、三子を挙げた。

志保井重要についてはすでに大略を述べた。「混血児」として数奇な運命をたどったが、またその故に多くの人の援助で人生を無事に渡りきることができたともいえよう。明治四一年ロンドンから一時帰国し、ドイツ人「お雇い」機械技師・ウィルヘルム・ハイゼ（Wilhelm Heise 1846-1895）と野武ちゑとの間にできた娘・安子と結婚（重要三五歳、安子二五歳）。ドイツ人医師のスクリバ（Jurius Karl Scriba 1848-1905）と高田慎蔵の計らいであろうという▼[3]。二人の間には二男一女を得た。長女・英子は歯科医・塚本勝也と結婚して三女を挙げた。長男・利夫は九州帝国大学工学部（採鉱学科）卒業、三菱鉱業、ＧＨＱ資源調査部、住友金属鉱山等に勤務。のち北見（工業）大学教授。（石原）満里と結婚して四男を挙げた。次男・正夫は早稲田大学工学部建築学科を卒業、一時、長谷部・竹腰建築事務所に勤務したが、多病のため辞職。未婚であったという。

記録によるかぎり、エラスマスは日本に二組の遺児をのこした、一方はリンガー家につながり、他方は志保井家につながり、そしていまにつづいている。佐渡の口碑に、明治政府の「お雇い」となって明治三年に再度やってきたエラスマスについて、「こんどは山ノ神の東照宮神官（大滝）の家を宿舎として、同六年七月解雇されるまで鉱山の復興に努力した。滞在中は大間町の喜助の娘を愛人としていたと伝えられる」（山本修之助『佐渡の百年』九九ページ）という。これから察するに、記録に残らない後裔がなおいても不思議ではないのだが▼4。

註

▼1　なおエラスマスの長女本人とほとんど同定できる資料が、GRO Consular Marriges の中に見られる。すなわち Carolina Rosina Gower なる女性が、一八七六―一八八〇年の間に Nagasaki で結婚登録したという記録である。前後の事情からこれがエラスマスの長女であれば全て都合が良いのだが、ネットによる未確認情報では、この結婚相手はフレデリック・リンガーではなく、Edmond Pye なる人物であるという。

▼2　フレッド・リンガー（Frederick Erasmus Edward Ringer 1884-1940）。シドニー・リンガー（Sydney Arthur Ringer 1891-1967）。長崎南山手の旧オールト邸に住んでいたフレッドは昭和一五年（一九四〇年）に亡くなり、リンガー邸に住んでいたシドニーも同年イギリスへ引き上げた。フレッドは結婚してマイケル（Michael）とヴァンヤ（Vanya）の二男を挙げた。二人はイギリスで教育を受けた後長崎に戻って、商会のジュニア・パートナーを勤めたが、戦時中にスパイ容疑で逮捕され、釈放されるとすぐに海外へ逃亡し、リンガー家のメンバーは全員日本を去った。戦後昭和二七年（一九五二年）、シドニーが戦時中日本政府に凍結されていた財産の処分・回収のために来日したが、日本に戻ることはなかった（多田茂治、前掲書、一九二ページ、二一七ページ）。

▼3　重要は、高田家の庇護を受けることになった直後の明治一八年一月にリューマチに罹り、東京大学病院に入院してスクリバ博士の治療を受けたという。またドイツ人同士の誼であろうか、ハイゼが一八九五年に亡くなった後は、スクリバがその家族（妻の野武ちゑ、娘の安子）の面倒を見ていたという。スクリバ、ハイゼともに「お雇い」としては著名人であり、各種の人名事典でその足跡をたどることができる。

▼4　GROの出生・結婚・死亡登録の記録によれば、エラスマスは一八九〇年（エラスマス六〇歳）にロンドンにおいてJosephine Marie De Castelvecchioなる女性と結婚している。時期とすればエラスマスがロンドンに帰って鉱山事務所を開いた年にあたり、名前からするにこの女性がイタリア系であった可能性があるが、その後も含めて詳細は不明。

第三章　ガワー三兄弟とその係累

一　ガワー家の系譜

ウェールズ北部の海港都市アベリストウィス（Aberystwyth）にあるウェールズ国立図書館・文書部（Department of Manuscript and Record; National Library of Wales）所蔵の「グランドヴァン・コレクション（Glandovan Collection）」に収められた「ガワー家 系図」その他の資料によれば、当面われわれが問題とするガワー家の系譜は、ウィリアム・ガワー（William Gower, 1694-1788）からはじめることができる。

彼はウェールズ人のはずであるが、（イングランド）ウースターシャー・コールマーシュのジョージ・ガワー（George Gower of Colemarsh, Woeceter）の孫、ノーサンプトンシャー・ボートンのエーベル・ガワー（Abel Gower of Boghton, Northamptonshire）の子として生まれ、ウォリックシャー・ナプトン（Napton, Warwickshire）に住んだ。一七〇〇年前後にはシュロップシャー・ラドロー

図3−1　グランドヴァン近傍図

（Ludlow, Shropshire）で下院議員（M. P. for Ludlow）を勤めたという。二度の結婚により一〇人の子供を挙げた。うち三人の男子の長男ウィリアム（William）は東インド会社の船長を勤めた。結婚により四人の子供を得たが、いずれも子孫を残さなかった。次男ジェームス（James）は未婚のまま死んだ。三男エーベル（Abel, 1694-1788）は、ウェールズのペンブロークシャー・グランドヴァン（Glandovan , Cilgerran, Pembrokeshire in Wales）で司法官（Attorney of the King's Bench）を勤め、レティーシャ（Letitia Lewes）と結婚して七男七女を挙げた（夭折した数人は除く）。このエーベルの家系が「グランドヴァンのガワー家」の始祖となった。

エーベルの長男エラスマス（Erasmus, 1742-1814）は一族の出世頭として名を成し、一家の伝説となった。彼は母方の叔父の庇護の下に一七五五年に英国海軍に入り、累進して一七九二―九四年マカートニー卿とその派遣団を中国（清朝）に送ったライオン号の指揮を取った▼[1]。当時は海軍大佐、この出航に先立ちナイトの爵位を授けられたという。のち英国海軍・地中海白色艦隊（The

Mediterranean White Squadron of the British Navy）の司令官を勤め、一七九九年海軍少将、一八〇四年海軍中将、一八〇九年には海軍大将にまでに昇進した。一八一四年六月ハンプシャーのハンブルドン（Hambledon in Hampshire）にて死去。結婚はしなかった。

エーベルの次男エーベル・アンソニー（Abel Anthony, 1748-1837）はロンドンに出て商人になり、ガワー商会（A.A. Gower, Nephews & Co.）を経営した。結婚はしなかったが、父エーベルおよび兄サー・エラスマスの遺産、すなわちガワー家の全てのエステイト（家産）は彼が相続し、彼の死後は甥（弟ロバートの長男）ロバート・フレデリックに遺贈した。

エーベルの三男ロバート（Robert, 1754-1844）もロンドンで商人になった。兄エーベル・アンソニーの商会との関係は不詳であるが、共同経営であった可能性はある。結婚して二男を得た（その長男がロバート・フレデリック）。この三男ロバートと双子の四男ジョン・ルイス（John Lewes, 1754-?）は外科医になった。結婚はしなかった。五男ジェームズについては後にまわす。六男ウィリアム（William, 1760-1807）は聖職につき教区牧師（Rector of Little Hempston）になった。結婚して五男二女をえた。

さてエーベルの五男ジェームズ（James, 1756-1802）である。彼は英国海兵隊に入り、少佐（Major）に昇進した。かれは結婚して四男二女を得た。彼の長男ジョージ・ヘンリーこそが、われわれガワー兄弟の父親であった。もう少しこの系譜を追うことにしよう。

ジェームズの長男ジョージ・ヘンリー（George Henry, 1787-1879）はデヴォンの海辺ブリクサム

図3−2　リヴォルノ近傍図

(Brixham, Devon)で生まれた。この地は父ジェームズの任地であった可能性が高い。その彼がなぜイタリア・トスカーナの海港都市リヴォルノ(レグホーン)在住[2]の商人になったのかはよく分からない。ただ、三弟のロバート(Robert ?-?)がマルセイユ在住の商人、さらに彼の長男サミュエル・ジョン(Samuel John 1825-1892)が南米ニュー・グラナダ(New Granada, South America)在住の商人とする一八五七年の記録があることから推測して、伯父にあたるエーベル・アンソニーが経営したガワー商会(A. A. Gower, Nephews & Co.)に参加していた可能性は大きい。彼は一八二一年ロンドンにおいてアン(Ann Newberry)と結婚し、リヴォルノにおいて三男二女を得た(別に夭折した二男がいた)。三男を上からサムエル・ジョン、エラスマス・ヘンリー・モーリス、そしてエーベル・アンソニー・ジェームズという。これこそが、われわれが捜し求めていたガワー三兄弟、すなわちS・J、エラスマス、エーベルに他ならない。二人の娘についても後にのべる(系図2参照)。リヴォルノでは貿易商として重きをなした模様で、レグホーン商業会議所の会頭になり、一八七九年にリヴォルノで亡くなっている。享年九六

系図２　ガワー兄弟家系図
Abel(1694-1788) = Letitia(1715-?)
                                (Attorny)
   ┌──────────┬──────────┬──────────┬──────────┐
Sir Erasmus   Abel Anthony   Robert   John Lewis   James(1756-1802) = Elizabeth(?-?)
(1742-1814)   (1748-1837)   (1754-1844) (1754-?)   (Major of Royal Marines)
(Admiral)   (Merchant)   (Merchant) (Surgeon)
┌──────────┬──────────┬──────────┐
                            George Henry(1783-1879) = Ann(Newberry)(?-?) John(?-?)   Robert(?-?)   Abel(1783?-1857)   William(1760-1807)   Richard(1762-1833)
                                    (Merchant)   (Merchant)   (Rector)   (Surgeon)
   ┌──────────┬──────────┬──────────┐
Samuel John   Rosina Letitia   Erasmus Henry Mauritius   Adaliza Augusta   Abel Anthony James
(1825-1892)   (1827-1924)   (1830-1903)   (1832-?)   (1836-1899)
81

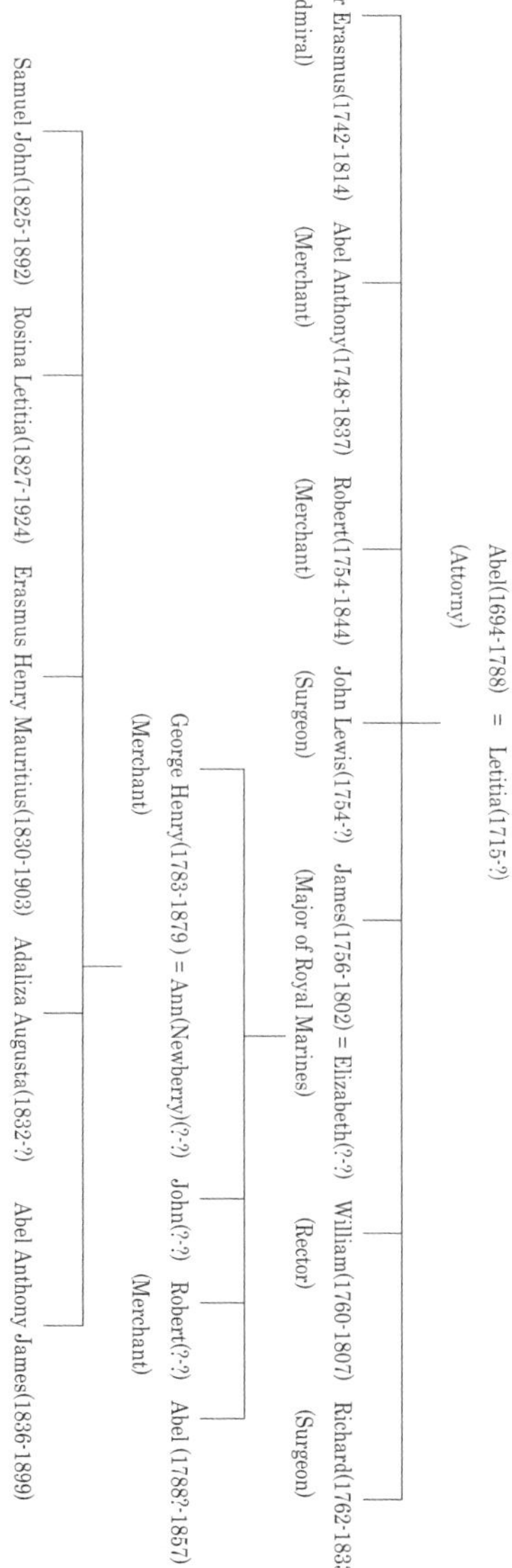

歳[3]。

ついでに、ジョージ・ヘンリーの兄弟・姉妹を急いで見ておきたい。次弟ジョン（John ? - ?）について、いまは何も分からない。三弟ロバートは上に述べた。四弟エーベル（Abel, 1788?-1857）はウェールズの海港カーディガン（Cardigan）に住んだというが、一八五七年に六九歳で死亡。結婚はしたが、子供はいなかったと思われる。妹エリザベス（Elizabeth）とレティーシャ（Lettitia）はそれぞれイギリス人と結婚している[4]。

註

▼1　このマカートニー訪中使節団の派遣は「世界史的な」出来事であって、すでに多くの研究があるが、ジョージ・マカートニー『中国訪問使節日記』およびそれに附された坂野正高氏の「解説」が極めて有用である。軍艦ライオン号およびその艦長エラスマス・ガワーについても同書が詳しい。

▼2　リヴォルノ（Livorno）はイタリア・トスカーナ地方の海港都市。十六世紀にトスカーナ公フェルディナンド一世がここを自由港にして免税特区に指定し、また貿易の自由、信教の自由を保障したために各国から商人が集まる多国籍都市として繁栄した。とくにイギリス商人は地中海貿易の拠点として重要視し、イギリス国教会の教会やイギリス人墓地をつくるほど多く定住した。イギリス人はこの町の旧称レゴルノ（Legorno）にちなんでこれをイギリス流にレガーン（レグホン Leghorn）と呼び習わしたが、これまた、この町とイギリス人との古くからの交流に起因するものと思われる。

▼3　ジョージ・ヘンリーの墓はリヴォルノに在り、墓碑銘に一八七九年一二月一〇日死去、享年九六歳とあるというが、筆者は確認していない。

▼4　グランドヴァン・コレクション中の記録によれば、エリザベスは Mr. Johns と、レティーシャは Mr. Jenkins と結婚したという。

二　S・J ふたたび

リヴォルノ在住の英商ジョージ・ヘンリー・ガワーがアン・ニューベリーと結婚し、リヴォルノにおいて三男二女（夭折した二男を加えれば五男二女）を得たことは上に述べた。子供たちがすべてアンとの間に生れた同腹であることはギルドホール図書館（Guildhall Library）所蔵の洗礼記録文書によって確かめられる。

長男サミュエル・ジョン（Samuel John, 1825-1892）、われわれのいうS・Jが、一八五七年すなわち彼の三二歳のときに、南米ニュー・グラナダにおいて商人であったという記録を前節で述べた。これは、彼にとって叔父にあたるエーベルの墓碑銘から知られる。ところがこれと同じ事実が、イギリス外務省の Foreign Office List に現れて驚かされる。すなわち、Samuel John Gower は一八五五年のリストに、New Granada, Sabanilla の代理副領事（Acting Vice Consul）を勤めたとして記録されている▼1。

その彼が、一八六二年五月に、突然、ジャーディン・マセソン商会の支店長として横浜に現れ、一八六五年三月に日本を離れてその足跡を絶ってしまう。

いまわれわれに残されている最後の痕跡は、ジャーディン・マセソン商会のパートナー・元パートナーの出資状況調査である（石井摩耶子『近代中国とイギリス資本』表2―2）。一八七一年四月三〇日付けで、S・Jは一〇三、〇五五ドルの出資金を回収（売却）し、姿を消す。離日後イギリスへ帰ったのではないかという。この時期に引退したのであろうか。彼はどこへいってしまったのだろうか▼2。

註

▼1　旧ヌエバ・グラナダ共和国の一州、現在のコロンビア共和国アトランティコ県（首都はバランキージャ）にあたる。なおこのケースのように、商人が現地の領事consul、代理領事consular agent、領事代理acting consulに任命されることはとくに珍しいことではない。さらになお、イギリス外務省文書によれば、当時のS・JがPowles, Gower & Co.に属していたらしいこと、一八五八年一〇月に代理副領事の職を交代したらしいことが知られるが、詳細は不明。

▼2　GROの出生・結婚・死亡登録記録によれば、サミュエル・ジョンは、一八九二年にWesthampnett, Sussexにおいて死亡、享年六六歳であったという。

三　エーベル　ふたたび

エラスマスの研究は前章で終わった。エーベルのその後については、まだかなり語ることがある。エーベルが一八五六年四月、二十歳にして香港に赴いたことは先に見た。香港総督秘書と貿易監督官補佐官として勤務の後、一八五八年には広東領事館補佐官に転じている。このときの香港総督は第四代のサー・ジョン・バウリング（Sir John Bowring）であったはずである▼1。そしてさらに、翌一八五九年夏、開国直後の日本（江戸）に英国総領事館（公使館）補佐官として現れたこと、その後、長崎、箱館、長崎の領事職を歴任し、一八六八年七月九日付けで兵庫・大阪領事に赴任したことはすでに述べた。

兵庫（神戸）の開港と大阪の開市は一八六八年一月一日（慶応三年一二月七日）であった。その直後に神戸で死亡したF・G・マイバーグ（F. G. Myburgh）に代わって在兵庫・大阪領事になったエーベルは、明治新政府の外国事務掛・兵庫県知事になった伊藤博文と再会する。神戸居留地の建設と運営は二人の協力によって順調に運んだ。

大阪ではさっそく大阪居留地会議を開き、その初代会頭に就任する。この会議は中ノ島の西端から少し下がった安治川べりに用意されたいわゆる川口居留地の運営をつかさどるもので、委員は日本側からは知事、各国を代表して各国領事、そして登録居留外国人から選挙された三人の民間委員からなる。エーベルの議事運営は、会議の公用語を英語に定めてフランス副領事の抗議を受けた

a　エーベル・ガワー，b　A. M.ヴェーダー（アメリカ領事代理），c　土肥真一郎（大阪府外国御用掛），d　西本清介（大阪府権弁事），e　緒方惟準（大阪医学校長），f　ピステリュース（オランダ副領事），g　A. F. ボードウィン（大阪医学校教頭），h　何礼之助（一等訳官兼造幣局権判事），i　宇都宮三郎（大阪府外国御用掛），k　平田助左衛門（大阪舎密局御用掛），l　K. W. ハラタマ（大阪舎密局教頭），m　田中芳男（大阪舎密局御用掛），n　三崎嘯輔（大阪舎密局助教）

図3−3　大阪舎密局開校式（明治2年）の Abel A. J. Gower

出所）大洲市立博物館蔵。藤田英夫『大阪舎密局の史的展開』より複写。

り、新聞記者の傍聴を禁じて米国領事と対立したり、かなりのワンマン運営であったといわれている（ジョン・カメン「外国人「租界」に会議は踊る」『日本経済新聞』一九九〇年一〇月二三日付け文化欄）。

エーベルが写真撮影を好んだことは、今日残されたいくつかの映像から分っている。一方、彼自身を映した映像は現在三点残っている。興味深いのは、兵庫・大阪領事時代の明治二年五月一日（一八六九年六月十日）に大阪舎密《せいみ》局開校式に出席して撮られた記念写真の中のガワーである。大礼服を着たハラタマ（K. W. Garatama）、まだ紋服・帯刀すがたの日本人化学者や事務官のなかに、車椅子にのったガワーの姿が異彩を放っている▼2。この姿のなかに、下半身が不自由になったらしい中年のエーベルが滲んでいる。
そうした事情によるのか、若きエーベルも四〇歳に近くなって勤務にも疲れが見えはじめた。彼の下僚であったジョン・カーリー・ホール（John Carry Hall）は回想する（ジョン・カーリー・ホール「神戸開港の頃の思い出」『神戸外国人居留地』二三九ページ以下）。

神戸勤務は実に楽しかった。副領事（＝J・J・エンスリー J. J. Enslie）は彼のもうひとつの担当地である大阪での勤務時間の方が多く、また領事のガワー氏は親切な人だったが、あまり仕事には熱心でなかったから、ほとんどの仕事が私に任された。これが他の領事館なら私など到底手をふれることも許されないような重要な仕事も神戸では私の裁量にゆだねられていた。私の初仕事は領事館に積まれたままの公文書を整理することだった。

そしてエーベルにとっての不幸は、神戸居留地の効率運営に意欲を燃やす第二代英国公使ハリー・パークス（Sir Harry Parkes）との間に意思の疎通を欠いたことであった。パークスが意図した新しい居留地プラン、すなわち外界から隔離された居留地の代りに日本人や外国人が同じ地方税や条例に従って共存する混合居住区域の拡張案が兵庫県知事の反対に会い、エーベルはその狭間に立たされた。

この計画を失敗させた兵庫県知事というのが神田（孝平）知事の前任者（権知事中山信彬）で

図3－4　リヴォルノ市郊外クェルチャネッラの旧ガワー邸

出所）*Della Costa Fiorita di Quercianella*, p.38.
註）この写真は、1922年にこの屋敷が女子修道院に改装された前後のものと思われる。ただこの屋敷は、今日でも旧ガワー邸（ex Villa Gower）として、ほぼこの形で現存する。

あった。保守的なこの知事はパークス卿の計画を阻止するのに成功した。かえすがえすも残念なのはかんじんのガワー領事が、雑居地計画に大反対である知事の術中にまんまと陥ちこんでしまったことである。

また、当時山手の土地の税金は非常に軽かった。新しい外国人住宅地になる可能性と外国人の富とを考慮した知事が何倍もの税金をふっかけた時も、世事にうとく世間ずれしていないガワー氏はこの無法な要求を拒否できなかった。しかも知事は中央政府に、英国領事が山手の土地に投機しているから新制度の施行が遅れているなどと報告する始末だった。投機などの事実はなかったのに、日本の外務省は、ただでさえガワー氏に好意をもっていなかった英国公使に知事の報告を伝達したために、ガワー氏は勤めにくくなり、まだまだ働き盛りであったのに退官して年金生活に入ってしまった。彼は自分の愛したイタリアで余生を過ごす破目になったのである。

明治九年（一八七六年）、エーベル四十歳のことであった。「のちのちまで『ガワーのバンガロー』として知られた山手のこぎれいな日本式の住宅」にはジョン・カーリー・ホールが代って住むことになった（ホール「思い出」、前掲書、二五一ページ）。エーベルは生まれ故郷のイタリア・トスカーナのリヴォルノへ帰った。

このときにはまだ父ジョージ・ヘンリーも存命で、同地にすんでいたはずである（一八七九年逝去）。エーベルはリヴォルノ市の郊外に屋敷を構え、イタリア人と結婚して余生を送った。[3]やがてその近くに兄エラスマスも合流する。エーベルは一八九九年に死去、享年六三歳。エラスマスは一九〇三年まで生き、七三歳で死んだ。

▼註

1　この前後の中国における香港総督、貿易監督官、中国駐在公使の関係は複雑である。「一八三四年に「自由貿易」の運動が実って、東インド会社の（貿易）独占が廃止されると、中国に渡航居留するイギリス人の管轄にあたるのは、政府当局になった。これが……貿易監督官である。」「この貿易監督官の制度はアヘン戦争を経たのちも存続した。ただし南京条約でほかの港も開かれて、広州一港だけの貿易ではなくなったから、各港に領事を駐在させることにし、それをたばねるのが貿易監督官という位置づけになる。この貿易監督官は、イギリスがアヘン戦争で獲得した植民地香港の統治にあたる香港総督を兼務した。そして「外交部門」に属する「公使」もその貿易監督官が兼ねる、というのが、南京条約以後のイギリスの中国駐在外交当局のありようである」（岡本隆司『ラザフォード・オルコック』四四―四五ページ）。ところがアロー号事件（第二次アヘン戦争）と天津条約締結により外国公使の北京駐在が認められた結果、一八六〇年に初代の北京駐在公使としてF・ブルース（Frederick Bruce）が任命されて（北京に公使館が開設されたのは翌一八六一年）、香港総督と中国駐在公使の役割が分離され、貿易監督官も廃止された。エーベルは丁度この狭間に香港に赴任したことになる。

▼2　エーベルの写真趣味については、すでにオールコックの回想録にも記され、それを原版とした版画も同書に掲げられている（オールコック『大君の都』（中）第二八章および、（下）第三五章「寺院境内の鐘楼」）。しかしこの点は日本写真史でもやや等閑に付されてきた。以上述べたエーベルの撮った写真、エーベルの写った写真にかんする考察は、主に藤田英夫の近年の考証に負う（藤田英夫『大阪舎密局の史的展開』）。エーベルが撮影した長崎・妙行寺の写真については一四九ページ以下、エーベルが写っている舎密局開校記念写真については一三一ページ以下参照。

▼3　リヴォルノ市郊外クェルチャネッラに今日もガワー旧宅が残っている。エーベルの邸宅の位置の問題については第二章第六節の註1を見よ。

エーベルにはイタリア人の妻との間に娘があり、彼女はイタリアの有名な政客シドニー・ソンニーノ（Sidney Sonnino 1847-1922）に嫁いだ、という。ソンニーノは二度イタリア首相を務めた大物政治家であり、クェルチャネッラにソンニーノ城を持つ郷土の英雄であった。ただし、彼の伝記によれば、彼自身が（ユダヤ系）イタリア人の父とウェールズ人の母との間の混血であったというから、彼の妻に関する上記の口碑はあるいは彼の母と混同されているのかもしれない。

四　ロジーナとアダリーザ

エラスマスの遺児・志保井重要の「思い出の記」のなかに、エラスマスには「姉二人弟一人あり」という記述があることは、前章第二節で述べた。これをエラスマスから見て厳密に言えば、「兄一人、姉一人、妹一人、弟一人」でなければならないことはわれわれの調べた系図から明らかであろう。兄がS・J、弟がエーベルであることはすでに繰り返した。なぜこの「思い出の記」にS・Jに関する言及が一切ないのか。疑問が残るが、いまは回答を得ない。

残る「姉二人」、厳密には「姉一人、妹一人」については、やはり「思い出の記」に頼らざるをえない（志保井重要「思い出の記」、前掲書、三〇ページ）。

姉の一人ミセス・スペンスは有名な詩人スペンス氏の夫人。百二歳にして遠逝の際に新聞紙の報道によれば夫スペンス氏葬式の際ビクトリア女王特に使者を遣し弔詞を賜りたる由記載しありたり。今一人のミセス・ビールはかつて日本に住いたることあり、ロンドン郊外の住宅の装飾品には多数高価の蒔絵器具類を有せられたり。同女も九十余歳の長命なり。余が帰朝後一度スペンス夫人より「此れは一週間程かかりて毎日数行を認《したた》めたる書面なり。最早老朽の身一日にては一寸長文の書面を認むる気がなし」と書かれたる、数行毎に墨色の異なり居る手紙を得。あり難き記念として所蔵せしも、是亦戦災にて焼失せり。

描写は極めて具体的であるが、調査の手がかりには乏しい。われわれの系図と照らし合わせるかぎり、スペンス夫人がロジーナ・レティーシャ（Rosina Letitia）にあたり、一八二七年生まれだとすると、その死亡は一九二九年ということになる。またビール夫人がアダリーザ・オーガスタ（Adaliza Augusta）であるとすれば一八三二年生まれで、やはり一九二〇年代まで生きたことになる。

いまのデジタル社会は、これだけの情報を駆使すれば分ることがあるところがすごい（この調査は弘前大学・中村武司氏のご尽力による）。われわれの探しているスペンス夫人は、ベンジャミン・スペンス（Benjamin Evans Spence, 1823-1866）の夫人であった。オックスフォード人名事典（*Oxford Dictionary of National Biography,* オンライン版）は、彼をリバプール生まれの彫刻家として記述している。詩人ではなく彫刻家であり、ヴィクトリア女王から弔詞を受けたのではなくて、彼の作品がアルバート公からヴィクトリア女王へ誕生日プレゼントとして贈られ、王室コレクションに所蔵されている、というのが正しいらしい。しかしわれわれの探索が誤っていないことは、その最後の一文でわかる。

一八六六年一〇月二八日、スペンスがイタリア・レグホーンの義父の家で肺疾患により死去した後、未亡人ロジーナ（イギリス領事・G・H・ガワー氏の息女）は、彼のスタジオから十二の石膏像をリバプールに寄贈した（三つはリバプールのピクトン・ライブラリーに現存する）。残りの大理石像は一八七〇年六月四日クリスティーズにおいて売却された。スペンスは、ローマに住んで、その作品を旅行で訪れる同国人に売ることで生計をたてたイギリス人アーティストの最後世代に属していた。彼のキャリアは、イギリスのヴィジュアル・アートの上で、ローマの影響力が強かった最後の時代を象徴している。

ガワー兄弟姉妹の父、ジョージ・ヘンリーは、このときまだリヴォルノで存命であった。ここでイギリス領事というのは、この地のイギリスの名誉領事を務めたということであろう。スペンス夫妻の出会いがイタリアであった可能性は高い。二人は長くローマに住み、ときにトスカーナを訪れたのであろう。スペンス氏の死後、夫人はイギリスへ帰ったらしく、一九二四年にエセックス州マルドン（Maldon, Essex）で死去、この記録によれば、享年は九七歳であったことになる。

残りの一人、日本に住んだことがあり、晩年はロンドン郊外に住んだというビール夫人については、なお調べが行き届かない▼1。

註

▼1　このアダリーザ・オーガスタ＝ビール夫人については、さきに高田慎蔵との関連で言及したドイツ系外商のマルティン・ベア（第二章第二節（註1）参照）の夫人ではなかったかという魅力的な仮説が宮島久雄によって提起されている（宮島久雄「マルティン・ベアについて」七六―七七ページ）。ベアはヒンリッヒ・アーレンス（Hinrich Ahrens）と組んで兵器輸入を行い、またプロシャ（ドイツ北部聯合）名誉領事を務めた有力

ドイツ商人であったが、また一方ではパリで日本美術およびアール・ヌーボー様式を扱う美術商として一世を風靡したサミュエル・ビング（Samuel Bing）と義理の兄弟だったといわれ、日本の美術・工芸にも造詣が深かったと思われる（宮島久雄「サミュエル・ビングと日本」）。もしこの仮説が正しいとすれば、ベアとの間に生まれ、高田慎蔵の養女となった高田照子を巡ってまた新しい物語が展開する。しかしこの魅力的な仮説は残念ながら成立しないらしい（中川清「明治・大正期の代表的機械商社高田商会」（上）六六ページ以下）。われわれの調査でも、アダリーザ・オーガスタは、一八四九―五四年の間にレグホーン（リヴォルノ）において結婚登録をした記録がGRO Consular Marriagesにおいて確認される。

おわりに

開国以降の幕末・明治初期に、三人のガワー姓のイギリス人が日本に現れる。はじめに現れるのはイギリス総領事館（公使館）補佐官として一八五九年（安政六年）に来日したエーベル・ガワーであった。彼はイギリス領事として日本各地を転任し、一八七六年（明治九年）兵庫・大阪領事を最後に、日本を離れた。次に現れるのは「英一番館」ジャーディン・マセソン商会横浜支店の支店長として一八六二年（文久二年）に着任したサミュエル・ガワー、われわれのいうS・Jであり、彼の離日は一八六五年（慶応元年）春であった。三番目が「お雇い」鉱山技師として一八六六年（慶応二年）箱館に現れるエラスマス・ガワーである。彼は箱館、佐渡、東京、長崎で仕事をし、一八八〇年（明治一三年）に新しい仕事を求めてタイ、インドへ去った。

彼ら三人が、イタリア・トスカーナのリヴォルノ（レグホーン）市在住のイギリス人商人・ジョージ・ヘンリーと妻アンの同腹の兄弟であることを小著では明らかにした。S・Jが一八二五年生まれの長男、エラスマスが一八三〇年生まれの次男、エーベルが一八三六年生まれの三男であった。粗々の計算で、S・Jの来日時が彼三七歳でおよそ三年の滞日であった。エラスマスの来日は三六歳、彼は一四年間を日本ですごし、五〇歳にして去った。エーベルの来日は二三歳、離日そして引退も四〇歳という若さであったが、彼の日本滞在は足掛け一七年におよんだ。

彼ら三人が何らかのつながりで来日し、日本ではお互いの仕事を助け合ったと想像することは不思議ではない。中国そして日本で領事官職を得たエーベルが先導し、兄二人を誘導したのであろうか。ここにジャーディン・マセソン商会という大貿易会社が介在して三人の仕事を媒介したことは疑いを容れない。長州藩英国留学生の密航問題などはまさにそれであった。

長男・S・Jの事蹟についてはほとんど知るところがない。リヴォルノ郊外で生まれ、商人になり、南米コロンビア、中国を経て日本で貿易に携わり、一八七一年以降その痕跡を消す。

次男・エラスマスの日本における事蹟については各地に文書・資料が残っている。司馬遼太郎がいうように、彼が「目もとに悲しげな色のある若い大男だった」かどうか。佐渡の古老の口碑に伝わったものかもしれない。

「お雇い」鉱山技師・エラスマスの貢献を技術史的にいえば、次のように整理することができよう。

（1）火薬による爆破採鉱（茅沼炭坑、佐渡金山）
（2）排水用手動ポンプ（竜吐水）の設計（佐渡金山）
（3）竪坑用捲揚機の採用（佐渡金山、高島炭砿）
（4）金銀製錬における湿式水銀製錬法（鍋混汞法）の採用（佐渡金山）
（5）ダイヤモンド・ドリルによる掘削（高島炭砿）
（6）軽便トロッコ（鉄面皮）の設計・施行（茅沼炭坑、佐渡金山、高島炭砿）
（7）軽便鉄道の導入（高島炭砿）

彼がもたらした新技術については、今日、技術史・産業史・企業史など多くの書物に散見する。問題は、これらの導入にあたってエラスマスの指導は大きかったが、それらの稼動・完成がエラスマスの去った後、別人の手でなされていることである。志保井利夫のいうように、エラスマスはコンサルティング業務には優れていたが、現場における機械稼動の実務には弱かったのであろうか。また佐渡金山における湿式製錬法のように、自分の知識に頼りすぎて現場の状況判断が悪かったのであろうか。あるいはまた、現場の仕事は専門職能にしたがって分業的にやるというイギリス流を押し通しすぎたのであろうか。

エラスマスが、日本産業（鉱業）の近代化・西欧化にあたって、その技術革新を担った先駆者の一人であったことはまちがいない。しかし他の多くの分野におけると同様に、時代と共に経験的知識に頼る「お雇い」が科学的知識を持つ「お雇い」に取って代わられ、さらに「お雇い」外国人のかわりに「新帰朝」日本人がその地位を占めることになる。明治十年代を過ぎた日本には、もはやエラスマスの居場所はなくなっていたであろう。

三男・エーベルがリヴォルノ郊外で生まれた後、どのようなコースを経て外交官を目指したのかについても分からない。外交官としてのエーベルが最も活躍したのは、文久三年（一八六三年）に若き長州藩士・伊藤俊輔に出会ってその英国密航を手助けしたころから、「ご一新」直後の慶応四年（一八六八年）兵庫県知事・伊藤博文に再会して神戸居留地建設問題についてむつかしい交渉をこなした、およそ五、六年間であったといってよい。健康上の問題もあったのか、その後の彼は精彩を欠く。概していって、外交官の世界で領事という職は決して陽のあたる場所ではなかった。任用方法、職務内容、待遇などさまざまな面でキャリア外交官とは大きく差別されていた。ましてやアジアの辺境における領事はイギリス外務省でも辺境にあった。領事から公使への昇進をとげることができたラザフォード・オールコックやハリー・パークス、あるいはアーネスト・サトウは極めて稀な事例であった（増田毅『幕末期の英国人』一九ページ）。エーベルもまた失意をもって日本を去り、長い余生を送ったものと思われる。

幕末・維新期に来日した外国人名簿をみると、親子で、また兄弟で来日した例は少なくない。三兄弟というのは珍しいが、たとえば同時期にオランダから来たボードワン兄弟（Bauduin Brothers, 日本ではボードアンあるいはボードインで知られる）の事例はガワー三兄弟によく似ている。長兄A・Fが「お雇い」医師（図3―3参照）、次兄ドミニクが銀行員、末弟のA・Jが領事という組み合わせである。しかし大英帝国を背負った三つの職業、ジャーディン社員、「お雇い」鉱山技師、そしてイギリス領事というガワー兄弟の組み合わせのほうが迫力は強い。

ガワー兄弟は教科書を飾るといった意味での歴史の主役ではなかった。しかしそれぞれの職業を通して開港期・日本の西欧化・近代化に大きな役割を果たした「異人たち」であった。ただ「幕末から明治初年の日本は、濃厚に異質な世界であった。ここにきて物を教えることに熱中した幾人かのヨーロッパ人は、帰国後、海のそこから帰ってきた浦島のようにどこか茫々として後半生を送るところがあった」（司馬遼太郎『胡蝶の夢』）。ガワー三兄弟もまた、ポンペやサトウの感懐をかみ締めたことであろう。

「異人たち」が残した後裔の生涯もまたさまざまであった。「あいのこ」と呼ばれた少年の日々について、結婚を前にした惑いについて、志保井重要や志保井利夫は書き残している。アーネスト・サトウが武田かねとの間に儲けた二男一女の次男・武田久吉《ひさよし》博士（1883-1972）のように、植物学者・登山家として日本近現代史に名を残した人もいた（萩原延壽『遠い崖』1、六四ページ以下）。ウィリアム・ウィリス（William Willis）が薩摩藩士・江夏《こうか》十郎の娘・八重との間に儲けたアルバート・バクスター（Albert Baxter, 1874?-1951?）のように、バクスター家に養子に出され、ロンドン、オーストラリアを経て最後は日本に帰り、日本に帰化するという数奇な運命をたどった人もいる（ヒュー・コータッツィ『ある英人医師の幕末維新』三三六―三三七ページ）。トマス・グラバーが加賀マキとの間に儲けたトマス・アルバート・グラバーすなわち倉場《くらば》富三郎（1871-1945）の場合は悲劇であった。「ガラバのあんしゃま」とよばれ、長崎のグラバー邸で何不自由なく育った彼にも、昭和の日本はやさしくなかった。昭和一三年（一九三八年）長崎造船所で戦艦武蔵の建造がはじまったころから、敵性外国（系）人への監視がはじまり、太平洋戦争と共に「鬼畜米英のスパイ」として警察の監視が強められた。そして昭和二十年（一九四五年）八月九日、長崎に原爆が投下された。「ピカドンは富三郎の心を焼いた」（多田茂治『グラバー家の最後』二〇七ページ）。同八月二六日、富三郎はベランダの紐で自死した。ガワー三兄弟の後裔の生涯もまた、これらの間にあった。

■図版一覧

梅溪昇『お雇い外国人―明治日本の脇役たち―』、（日経新書）日本経済新聞社、1965 年。

梅溪昇『お雇い外国人―①概説―』鹿島出版会、1968 年。

Harold S. Williams, *The Story of Holme Ringer & Co., Ltd. in Western Japan 1868-1968*, Charles E. Tuttle Company, 1968.

山本修之助『佐渡の百年』同刊行会、1972 年。

山本有造「ホームズ船長の冒険―開港前後の長崎・横浜・箱館―」坂田吉雄・吉田光邦（編）『世界史のなかの明治維新』京都大学人文科学研究所、1973 年。

山本有造「幕末在留西洋人人名録のこと」『毎日新聞（大阪版）』夕刊、1984 年２月９日付。

山本有造「三人ガワー」吉田光邦（編）『十九世紀日本の情報と社会変動』京都大学人文科学研究所、1985 年。

山本有造「イタリア掃苔の旅」（日本イタリア京都会館館報）『Corrente』No.115、1992 年。

山本有造『両から円へ―幕末・明治前期貨幣問題研究―』ミネルヴァ書房、1994 年。

横浜開港資料館（編）（杉山伸也 /H・ポールハチェット訳）『ホームズ船長の冒険―開港前後のイギリス商社―』（有隣新書）、有隣堂、1993 年。

吉田光邦『お雇い外国人―②産業―』鹿島出版会、1968 年。

吉村昭『黒船』（中公文庫版）、中央公論新社、初刷 1994 年。

ユネスコ東アジア文化研究センター（編）『資料 御雇外国人』小学館、1975 年。

＊　＊　＊

「恵曽谷日誌」（米沢藩士・山田民弥筆）北海道大学図書館蔵。

「華士庶外国人雇入鑑（自明治五年十月至明治六年十二月）」外交資料館蔵「外務省記録」。

「慶応二寅年十一月岩内石炭御用留」北海道総務部蔵「簿書」。

「慶応三年蝦夷地岩内石炭開掘ノ為メ英国人ガワル氏雇入一件」東京大学史料編纂所蔵「外務省引継書類」。

「工部省沿革報告」『明治前期財政経済史料集成』第一七巻ノ一所収。

「公私傭入外国人明細表」（『内務省第一回年報』（自明治八年七月至明治九年六月）中の「雇入外国人」の部を２表に整理したもの）梅溪昇『お雇い外国人―①概説―』所収。

「明治三年石炭山御道具調書上」北海道総務部蔵「簿書」。

York,1968.
D. C. M. Platt, *Cinderella Service; British Consuls since 1825*, Archon Books, 1971.
佐渡郡教育会（編）『佐渡年代記続輯』同会、1940 年。

三枝博音・野崎茂・佐々木峻『近代日本産業技術の西欧化』東洋経済新報社、1960 年。

佐藤彌十郎（編）『岩内町史』同町、1966 年。

E・M・サトウ（坂田精一訳）『一外交官の見た明治維新』（上）（下）（岩波文庫版）、岩波書店、初刷 1960 年。

司馬遼太郎『胡蝶の夢』（1）−（4）（新潮文庫版）、新潮社、初刷 1983 年。

志保井重要「思い出の記」志保井利夫（編著）『エラスマス・H・M・ガワーとその係累』第 1 部第 1 章所収、1947 年。

志保井重要『高田商会開祖高田慎蔵翁並多美子夫人』（タイプ印刷私家版）1950 年 ?。

志保井利夫（編著）『エラスマス・H・M・ガワーとその係累』（非売品私家版）1979 年。

志保井利夫「エラスマス・H・M・ガワーの生涯とその業績―幕末に来日した英国人鉱山師―」第一部その生涯、第二部その業績、（北海学園北見大学学術研究会）『北見大学論集』第 1 号、第 2 号、1978 年 10 月、1979 年 7 月。

白幡洋三郎「碧眼富岳三十六景（その 2）―万延元年オールコック登山隊の富士山―」（国際日本文化研究センター）『日文研』No.8、1993 年。

末松謙澄『防長回天史（修訂再版）』全 12 巻、末松春彦、1921 年。

Shinya Sugiyama, *Japan's Industrialization in the World Economy 1859-99: Export Trade and Overseas Competition*, The Athlone Press, 1988.

杉山伸也『明治維新とイギリス商人―トマス・グラバーの生涯―』、（岩波新書）岩波書店、1993 年。

隅谷三喜男『日本石炭産業分析』岩波書店、1968 年。

春畝公追頌会（編）『伊藤博文伝』（上）（中）（下）、同会、1940 年。

多田茂治『グラバー家の最後―日英のはざまで―』葦書房、1991 年。

田口英爾『最後の箱館奉行の日記』（新潮選書）、新潮社、1995 年。

武内博（編）『来日西洋人名事典』日外アソシエーツ、1983 年。

田中惣五郎『近代軍制の創始者・大村益次郎』千倉書房、1938 年。

谷有二『黒船富士山に登る！―幕末外交異聞―』同朋舎、2001 年。

上田広『井上勝伝』交通日本社、1956 年。

植村正治「明治前期お雇い外国人の給与」『流通科学大学論集（流通・経営編）』第 21 巻第 1 号、2008 年 7 月。

ン商会を中心に―』東京大学出版会、1998年。

石附実『近代日本の海外留学史』ミネルヴァ書房、1975年。

ジョン・カメン「外国人「租界」に会議は踊る――二〇年前の議事録に秘められた国際情勢」『日本経済新聞』1990年10月23日付。

茅沼炭化砿業株式会社『開砿百年史』(非売品)、1956年。

小林正彬『日本の工業化と官業払下げ―政府と企業―』東洋経済新報社、1977年。

小松緑(編)『伊藤公全集』全3巻、伊藤公全集刊行会、1927年。

河野常吉(編)『北海道史人名字彙』(上)(下)、北海道出版企画センター、1979年。

ジョージ・マカートニー(坂野正高訳)『中国訪問使節日記』(東洋文庫)、平凡社、1975年。

牧野信之助「北海道開拓の初期に於ける外人の工作」(上)(下)『史林』第20巻第1号、第2号、1935年年1月、2月。

増田毅『幕末期の英国人― R・オールコック覚書―』有斐閣、1980年。

松浦章「ジャーディン・マセソン商会と日清貿易―文久元年申一番ランシフィールト船の来航をめぐって―」『海事史研究』第25号、1975年。

三菱鉱業セメント株式会社(高島炭砿史編纂委員会)(編)『高島炭砿史』同社、1989年。

宮島久雄「サミュエル・ビングと日本」『国立国際美術館紀要』第1号、1984年。

宮島久雄「マルティン・ベアについて―明治初期一在留外国商人の足跡―」京都工芸繊維大学・工芸学部研究報告『人文』第35号、1986年。

長崎市(編)『グラバー邸物語』長崎市、1969年。

中川清「明治・大正期の代表的機械商社高田商会」(上)(下)『白鴎大学論集』第9巻第2号、第10巻第1号、1995年3月、12月。

中原邦平『伊藤公実録』啓文社、1910年。

中原邦平(編述)『井上伯伝』(巻之一)(巻之二)(附録第一冊)(附録第二冊)、同人、1907年。

日本工学会(編)『明治工業史(鉱業篇)』同会、1930年。

日本歴史学会(編)『明治維新人名事典』吉川弘文館、1981年。

岡本隆司『ラザフォード・オルコック―東アジアと大英帝国―』(ウェッジ選書)、ウェッジ、2012年。
M. Paske-Smith, *Western Barbarians in Japan and Formosa in Tokugawa Days 1603-1868*, original edition, Kobe, 1930; reprint edition, Paragon Book Reprint, New

■参考文献一覧 （著編者名のアルファベット順）

ラザフォード・オールコック（山口光朔訳）『大君の都—幕末日本滞在記—』（上）（中）（下）（岩波文庫版）、岩波書店、初刷 1962 年。

ラザフォード・オールコック（山本秀峰編訳）『富士登山と熱海の硫黄温泉訪問— 1860 年日本内地の旅行記録—』露蘭堂、2010 年。

朝日新聞社（編）『写真集「甦る幕末」—オランダに保存されていた 800 枚の写真から—』朝日新聞社、1988 年。

J・R・ブラック（ねずまさし・小池晴子訳）『ヤング・ジャパン—横浜と江戸—』（1）（2）（3）（東洋文庫）、平凡社、初版 1970 年。

トーマス・W・ブラキストン（近藤唯一訳）『蝦夷地の中の日本』八木書店、1979 年。

Luigi Ciompi, *Della Costa Fiorita di Quercianella*, Associazione Ineremento Turistico Quercianella, 1991.

ヒュー・コータッツィ（中須賀哲朗訳）『ある英人医師の幕末維新— W・ウィリスの生涯—』中央公論社、1985 年。

F・V・ディキンズ（高梨健吉訳）『パークス伝—日本駐在の日々—』（東洋文庫）、平凡社、1984 年。

Edward Barrington de Fonblanque, *Niphon and Pe-chi-li; or Two Years in Japan and Northern China*, Saunders, Otley, and Co., London, 1862.

Grace Fox, *Britain and Japan 1858-1883*, Oxford University Press, 1969.

藤田英夫『大阪舎密局の史的展開—京都大学の源流—』思文閣出版、1995 年。

マイケル・ガーデナ（村里好俊・杉浦裕子訳）『トマス・グラバーの生涯—大英帝国の周縁にて—』岩波書店、2012 年。

麓三郎『佐渡金銀山史話』三菱金属工業㈱、1956 年、増補版 1973 年。

萩原延壽『遠い崖—アーネスト・サトウ日記抄—』（1）-（14）（朝日文庫版）、朝日新聞社、2007-2008 年。

原田一典『お雇い外国人—⑬開拓—』鹿島出版会、1975 年。

堀博・小出史郎（訳）『（ジャパン・クロニクル紙ジュビリーナンバー）神戸外国人居留地』（のじぎく文庫）、神戸新聞出版センター、1980 年。

井上馨侯伝記編纂会（編）『世外井上公伝』第 1 巻-第 5 巻、内外書籍、1933 年。

石井寛治『近代日本とイギリス資本—ジャーディン＝マセソン商会を中心に—』東京大学出版会、1984 年。

石井摩耶子『近代中国とイギリス資本— 19 世紀後半のジャーディン・マセソ

ま行

や行

ら行

わ行

■人名索引

(1) 本文および註記に言及した人名を日本語読みの姓により五十音順に配置した。

(2) 本書の主人公である三人のガワー（S・J、エラスマス・H・M、およびエーベル・A・J）ならびに同族のガワー姓は採択しない。また志保井重要を中心とする志保井家の係累についても採録しない。系図１、系図２および目次について見られたい。

(3) 参考文献一覧に挙げる編著者名、書名は採択しない。

(4) →は参照項目を示す。

あ行

か行

後記

本書はもと、第一章の概要を「三人ガワー」というタイトルで発表したのが始まりであった。思えば二十七年前のことになる。その契機となったのは、京都大学人文科学研究所における共同研究会報告であった。その後、国内の各種文書・資料を探索して第二章の原型を作り、さらに一九九二年春に文部省在外研究（短期）の機会が回ってきたときには、迷わずにそのテーマを『お雇い鉱山技師エラスマス・H・M・ガワーの研究』とし、短期ながらイギリス、フランス、イタリアを巡って資料を集めた。本書の第三章は、この時にほぼ骨格は出来上がっていた。それからまた二十年が過ぎた。この春に突然思い立って、長らく仕舞いこんできた収集資料を掘り出し、記憶を総動員して書いたのがこの一文である。

この小文にして実に多くの方々のご協力を受けた。論文「三人ガワー」の草稿を最初に読んで貴重なコメントを寄せられたのは、杉山伸也氏（慶應義塾大学）、藤田英夫氏（京都大学）であった。（お二人には新稿についても種々ご教示をいただいた。）志保井真理氏（志保井利夫氏夫人）ならびに石井寛治氏（東京大学）からは貴重な資料の提供をうけた。

今回もまた、多くの友人・知人のお知恵を借りることになった。思いつくままに、篠宮雄二氏（中部大学）、玉田敦子氏（中部大学）、渡部展也氏（中部大学）、森田朋子氏（中部大学）、秋田茂氏（大阪大学）中村武司（弘前大学）、木越義則氏（関西大学）、平井廣一氏（北星学園大学）、植村正治氏（流通科学大学）、宮島久雄氏（高松市美術館）、立元義弘氏（スタジオ・アルコミット）の諸氏、横浜開港資料館、日本イタリア京都会館の諸機関のお名前を挙げ、謝意を表する。特に中村氏は、記録の断片からスペンス夫人を見つけ出すという「離れ業」によって、第三章に決着をつけてくださった。

しかし長い時間のうちに、謝辞を述べる機会を失した方々も多い。イギリス、イタリアでの資料調査の際にも、多くの方々を煩わせた。また資料収集の上で、内外の図書館・文書館にも種々お世話になった。

最後に、本書を中部大学ブックシリーズ「アクタ」の一冊に加えてくださった中部大学総合学術研究院の関係各位に厚く御礼を申し述べる。とくに実務を担当された中部大学出版室の松林正己氏、風媒社編集部の劉永昇氏には大いに助けられた。

いま、私の第二論文集『両から円へ』の「あとがき」に書いた一文が思い起こされる。「私を幕末・維新期にはじめて目を向けさせて下さったのは坂田吉雄先生であった。坂田吉雄先生と故・吉田光邦先生が主宰されたいくつかの研究会、「明治維新研究会」「明治研究会」「十九世紀倶楽部」の楽しかったことがいまに思い起こされる。この方面での私のテーマ「お雇い外国人」についてはまた別に報告書を作らなければならないと思っている」。それから二十年、「アクタ」シリーズという絶好の場を得て、ここにその報告書を刊行できる幸せを噛み締めている。

二〇一二年九月一日

山本 有造

山本 有造（やまもと ゆうぞう）

1940 年　京都市に生まれる。
1967 年　京都大学大学院経済学研究科修士課程修了。
京都大学人文科学研究所助手。
その後、京都大学教授、中部大学教授、等を経て
現　在　中部大学特任教授、京都大学名誉教授。
主　著　『日本植民地経済史研究』名古屋大学出版会、1992 年。
『両から円へ―幕末・明治前期貨幣問題研究―』ミネルヴァ書房、1994 年。
『「満洲国」経済史研究』名古屋大学出版会、2003 年。
『「大東亜共栄圏」経済史研究』名古屋大学出版会、2011 年。

中部大学ブックシリーズ　Acta 19
「お雇い」鉱山技師　エラスマス・ガワーとその兄弟

2012 年 9 月 30 日　第 1 刷発行
定　価　（本体 1000 円＋税）
著　者　山本 有造
発行所　中部大学
〒 487-8501　愛知県春日井市松本町 1200
電　話　0568-51-1111
FAX　0568-51-1141
発　売　風媒社
〒 460-0013 名古屋市中区上前津 2-9-14 久野ビル
電　話　052-331-0008
FAX　052-331-0512

ISBN978-4-8331-4101-7　＊装幀　夫馬デザイン事務所